Skyward Journeys

Lego® **Building Instructions** for **Air Transportation Vehicles**

Instructions for 16 models
Age 5+

By Jennifer Kemmeter

Brick Books

Building Brilliance.

ISBN: 978-1-911202-00-4

Brick Books thanks the LDraw community for the parts database it makes available, which is used for making instructions found in the book. For more information on LDraw, please visit http://www.ldraw.org.

Published by Brick Books Limited. Publishing inquiries should be directed to admin@brickbooks.com.

For more information, visit us at www.brickbooks.com .

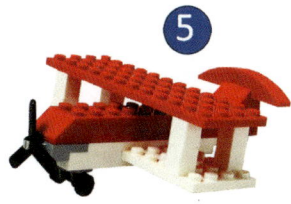

5

8

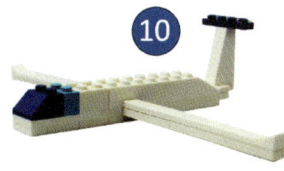

10

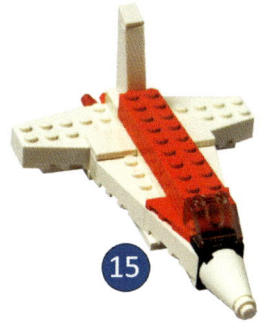

15

19

23

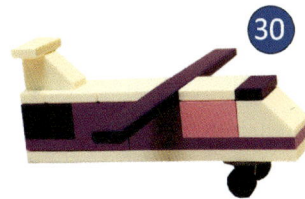

30

32

37

41

46

49

53

56

63

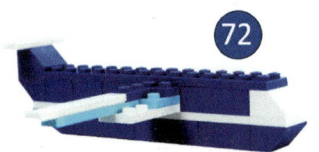

72

1

2x

1x   1x

2

1x

3

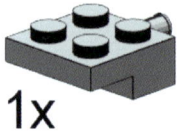 1x

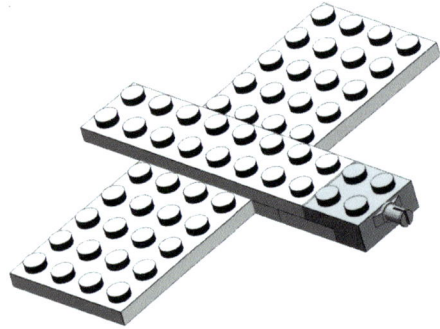

4

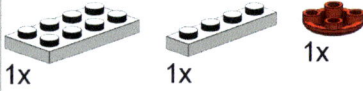
1x   1x   1x

5

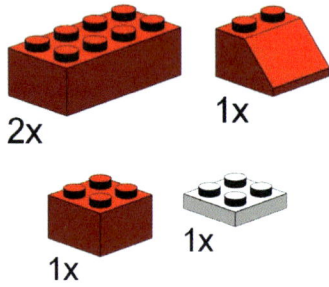
2x   1x
1x   1x

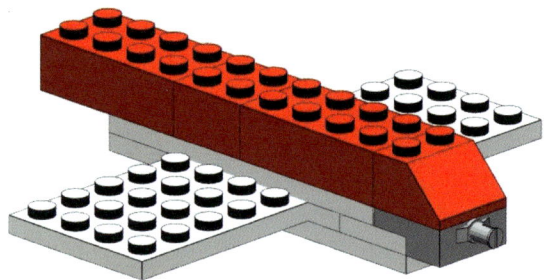

6

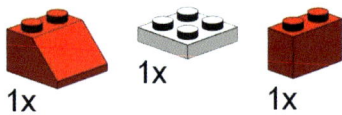
1x   1x   1x

7

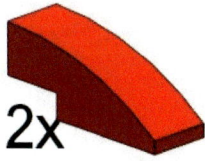

2x

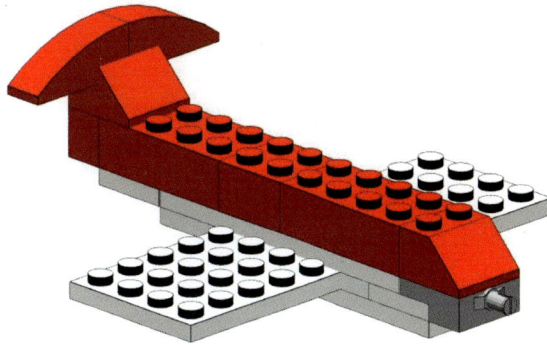

8

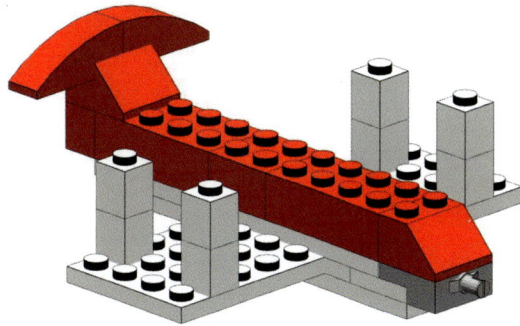

8x

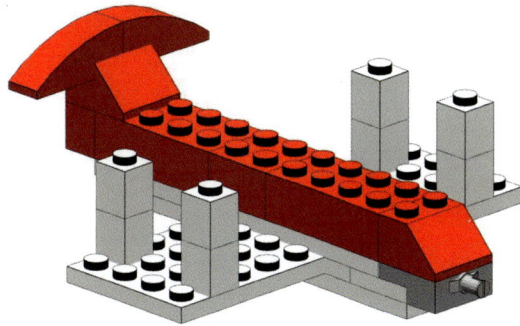

9

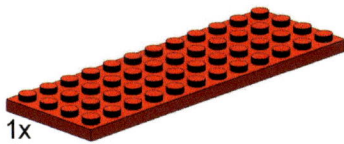

1x

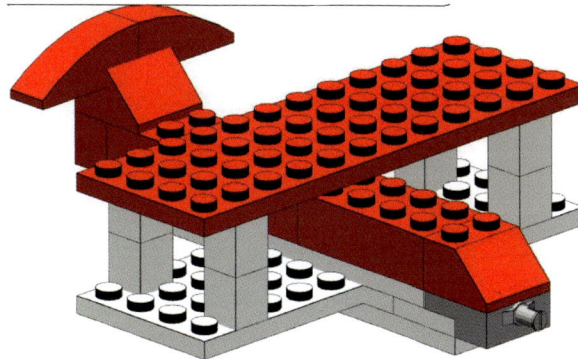

10

1x   1x   1x

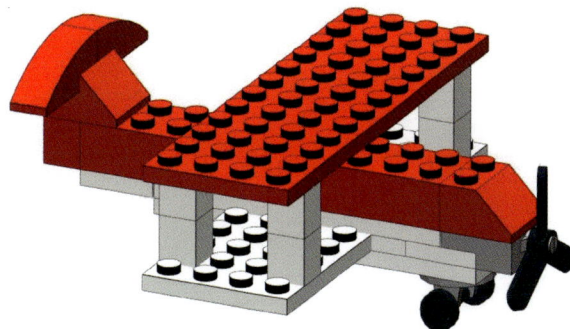

Brick Books
Building Brilliance.

 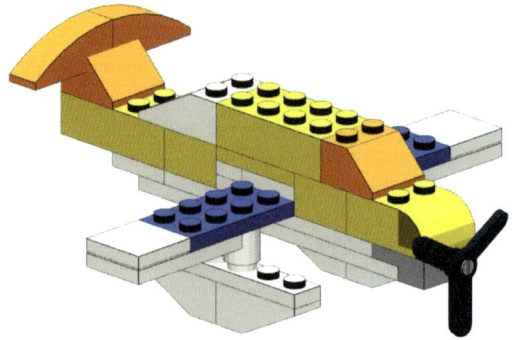

1x

1x

2x

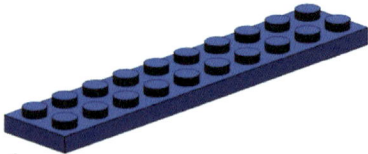 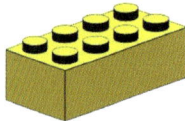 

1x

2x

2x

1x

2x

2x

2x

4x

2x

1x

2x

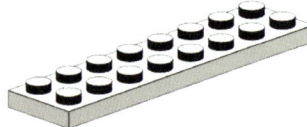

1x

4x

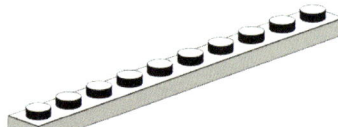 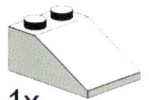

2x

2x

1x

1x

1

  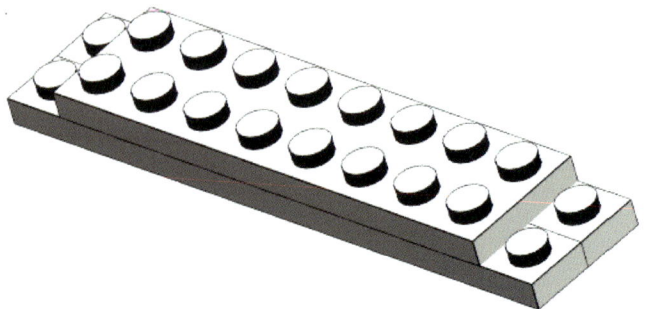

2x

1x

2

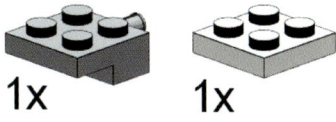

1x   1x

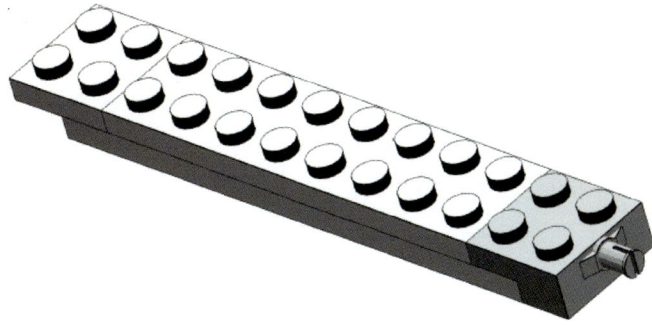

3

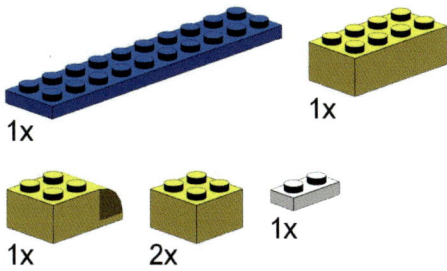

1x   1x

1x   2x   1x

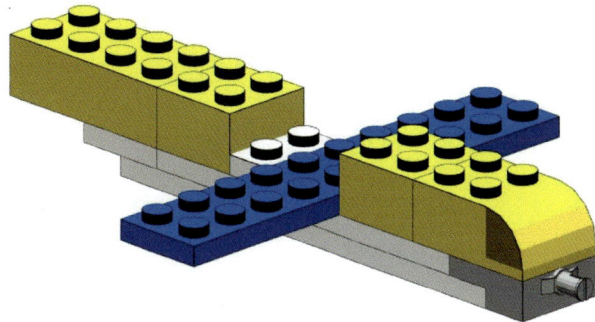

4

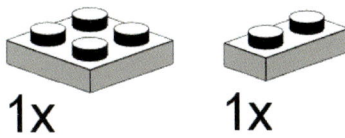

1x   1x

5

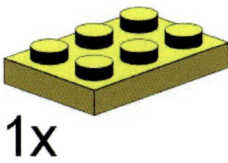

1x

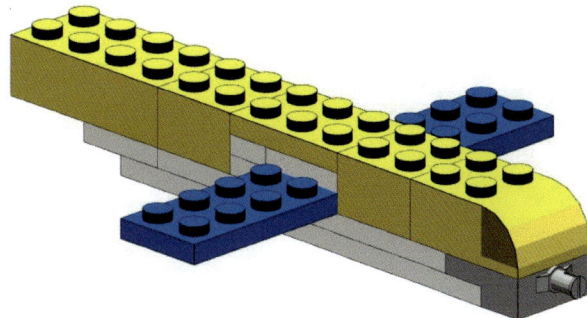

6

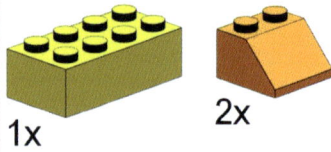

1x   2x

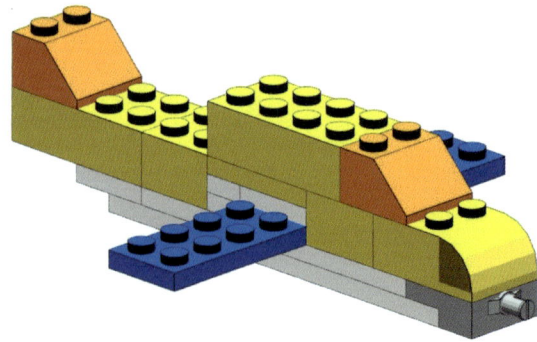

7

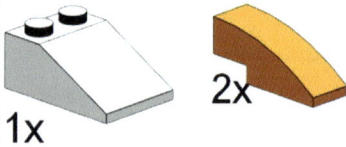

1x   2x

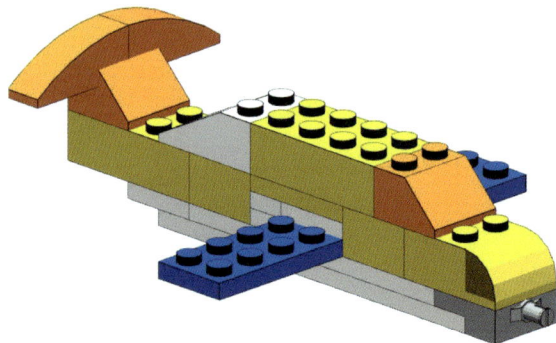

8

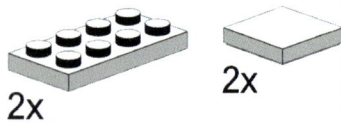

2x   2x

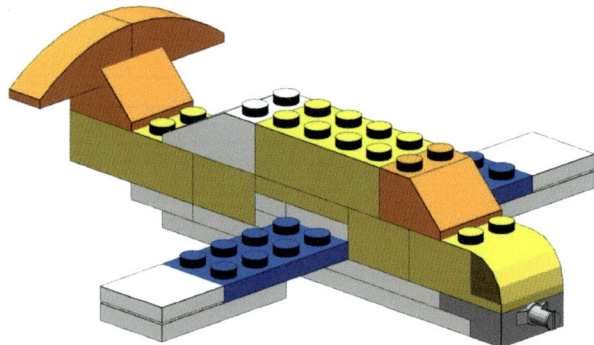

9

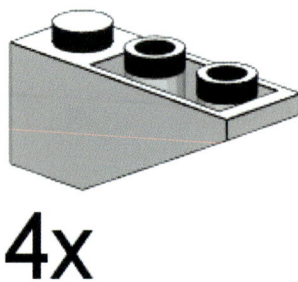

4x

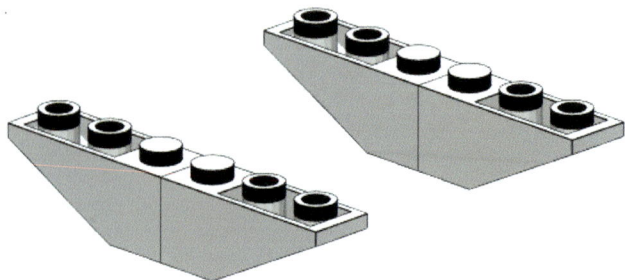

10

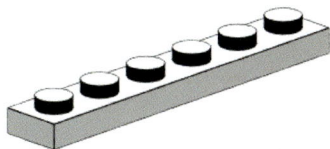

2x

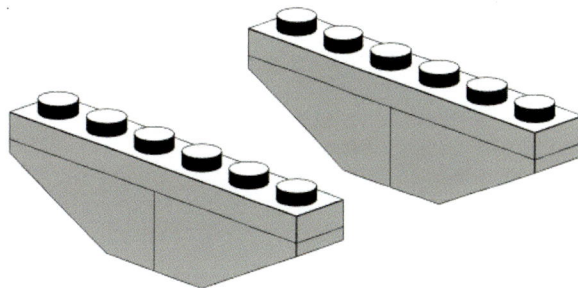

11

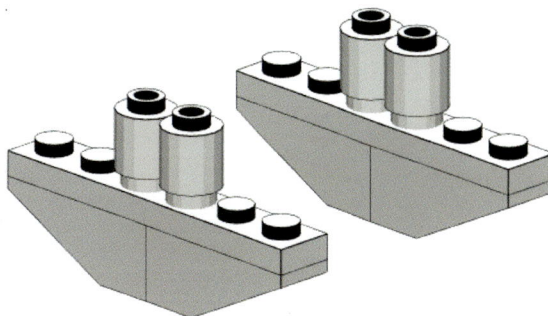

4x

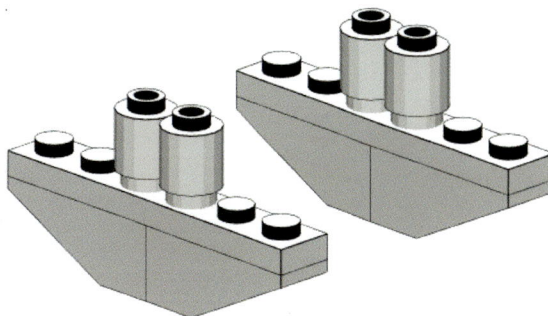

12

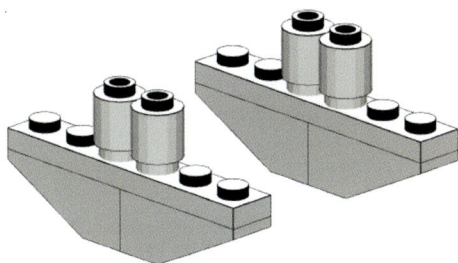

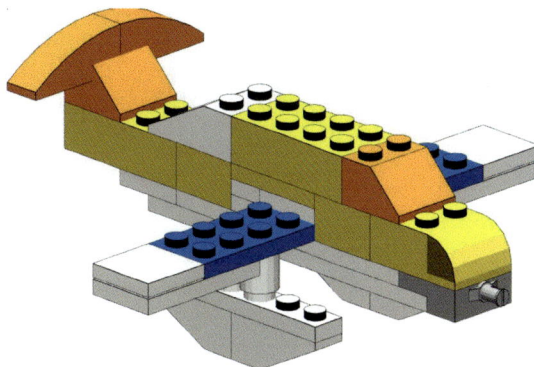

13

1x

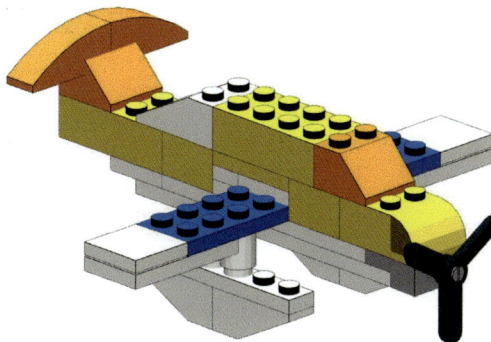

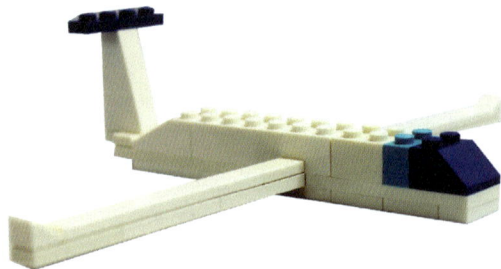
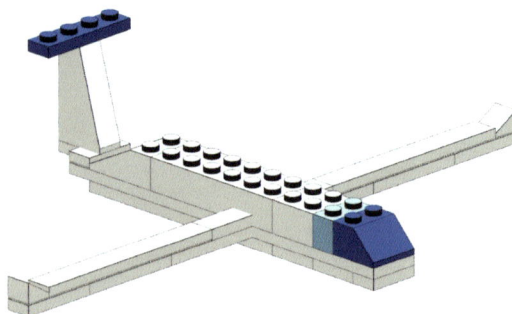

1x

1x

1x

2x

1x

1x

1x

1x

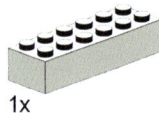
2x

1x

2x

1x

2x

1x

2x

1x

2x

1x

2x

1x

1x

1x

1

1x

2x   1x

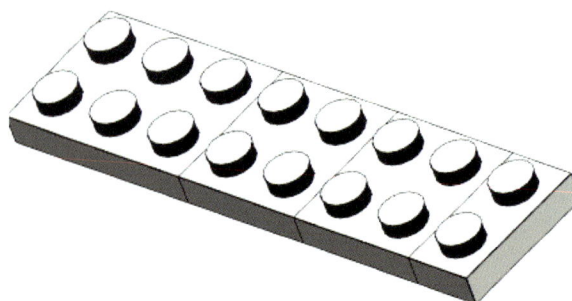

2

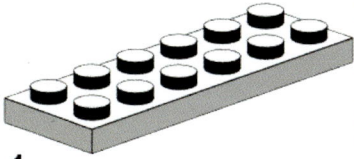

1x

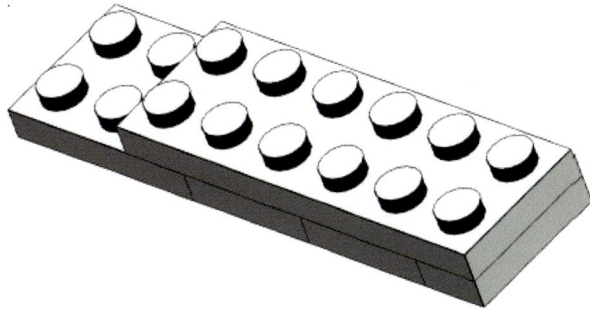

3

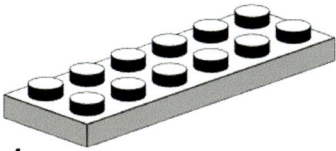

1x

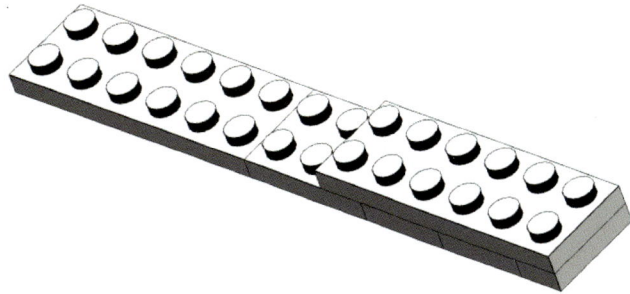

4

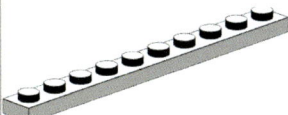

1x

1x

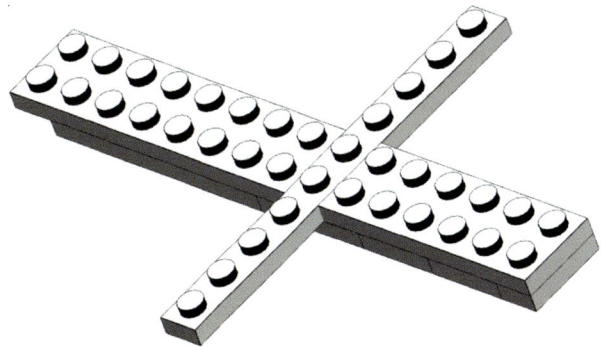

5

1x   1x   1x

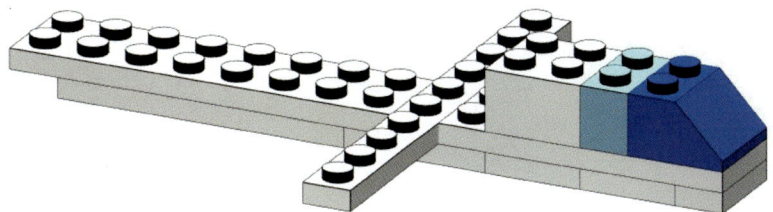

6

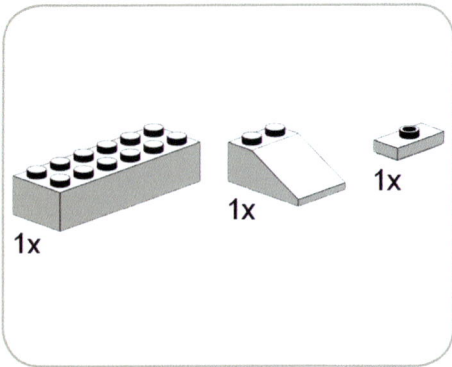

1x 1x 1x

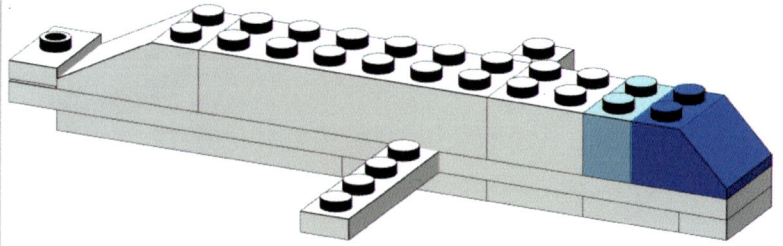

7

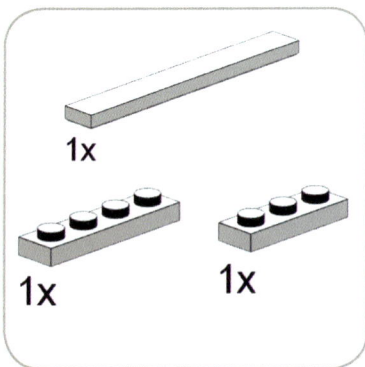

1x

1x 1x

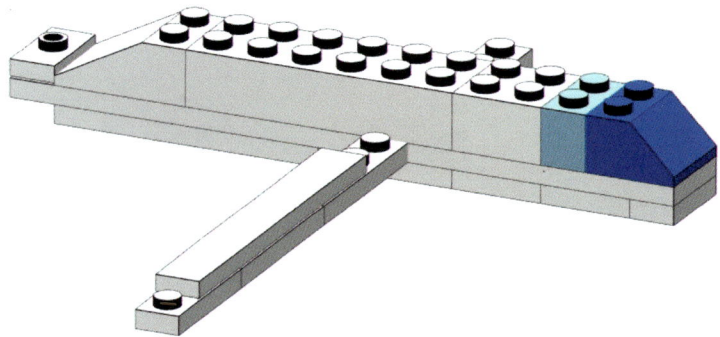

8

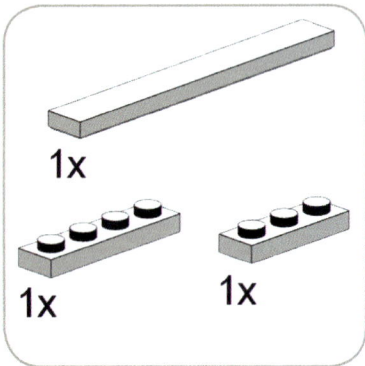

1x

1x 1x

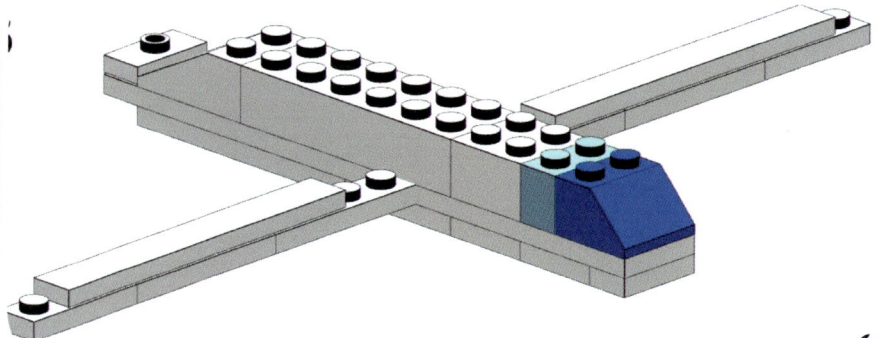

9

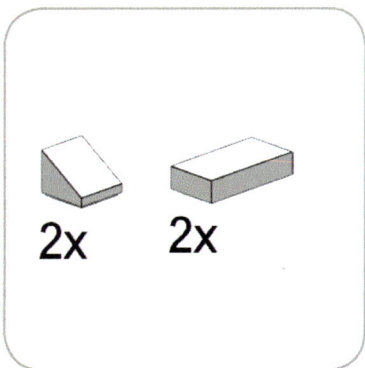

2x 2x

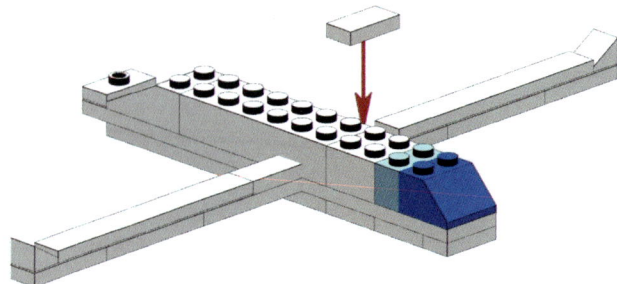

10

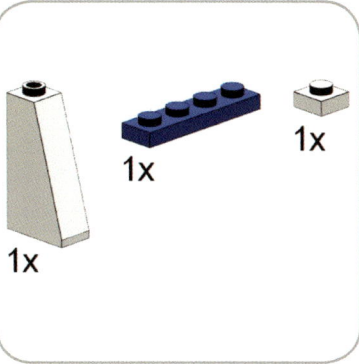

1x

1x

1x

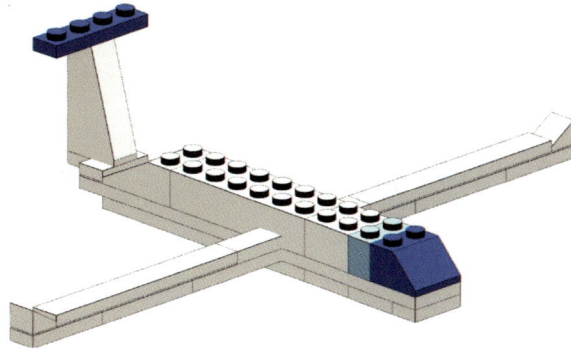

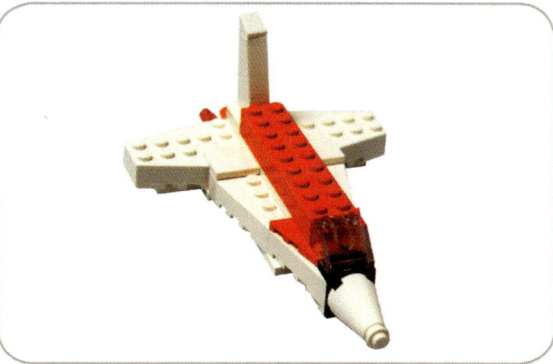

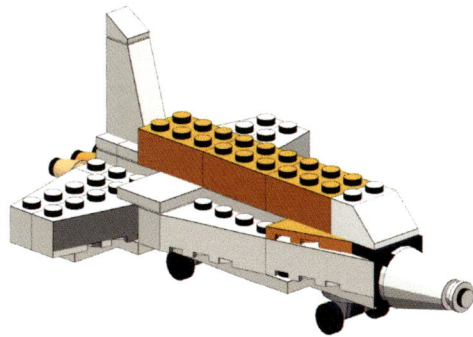

1x

2x

2x

2x

1x

1x

1x

1x

1x

2x

1x

3x

2x

1x

1x

2x

1x

2x

2x

2x

1x

1x

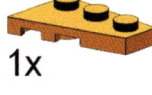

2x

2x

4x

4x

1x

2x

1x

1

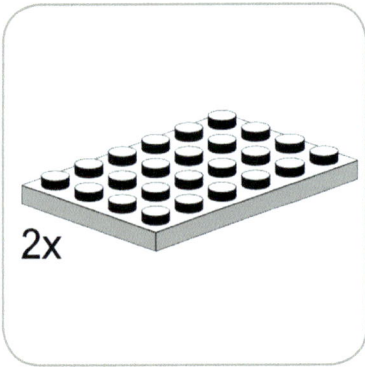

2x

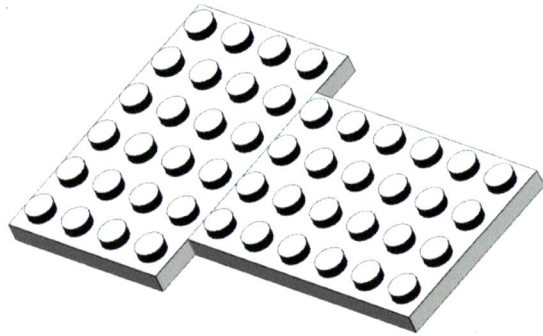

2

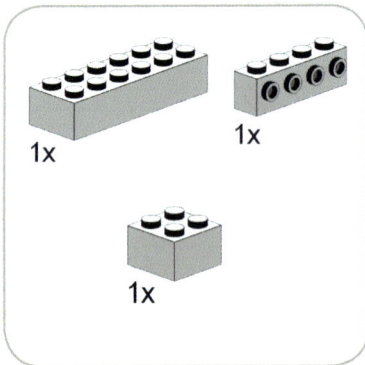

1x 1x

1x

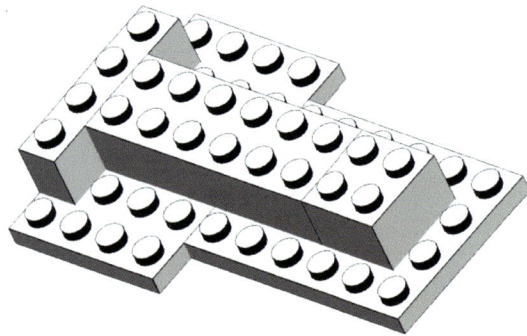

3

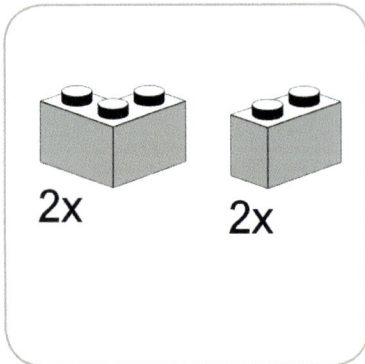

2x 2x

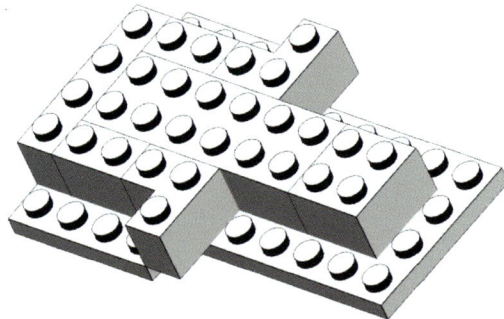

4

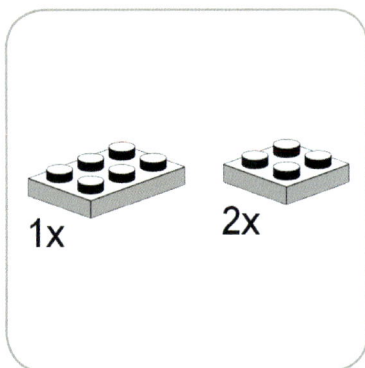

1x 2x

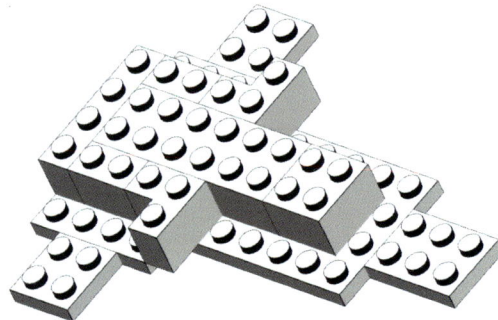

5

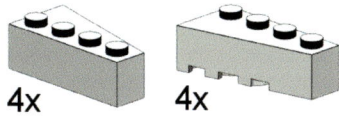

4x   4x

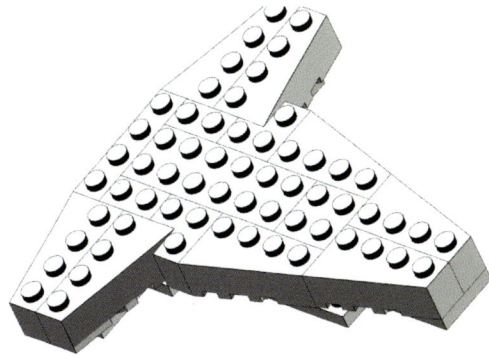

6

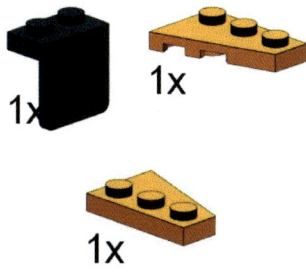

1x   1x

1x

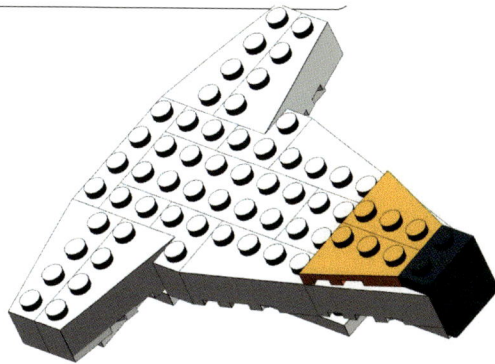

7

1x

2x   1x

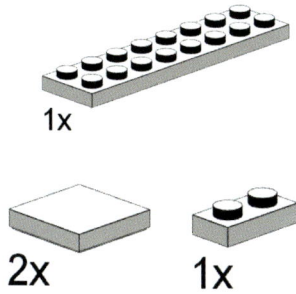

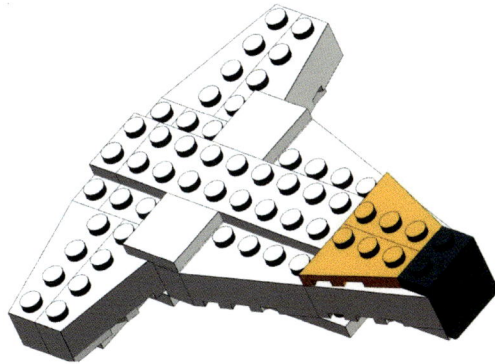

8

2x

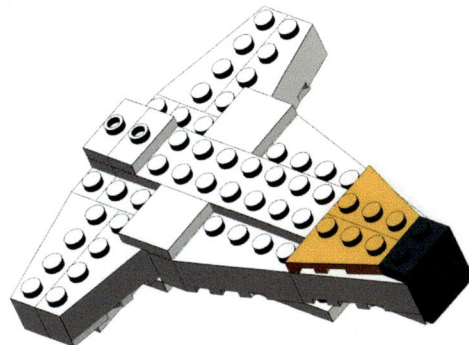

9

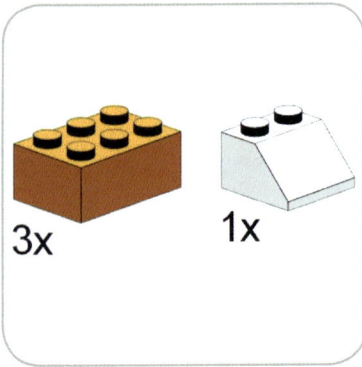

3x   1x

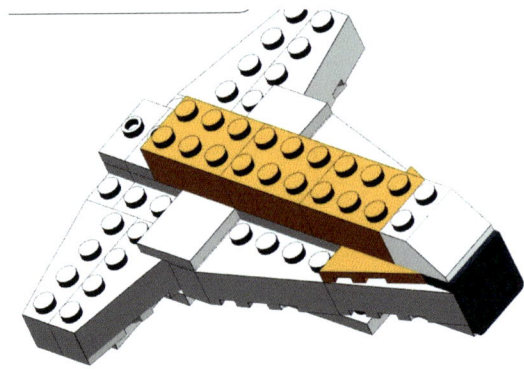

10

2x   2x

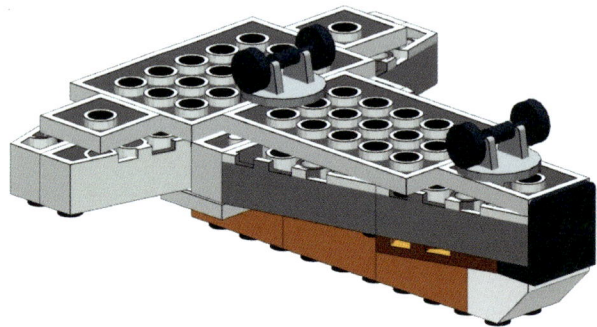

11

1x

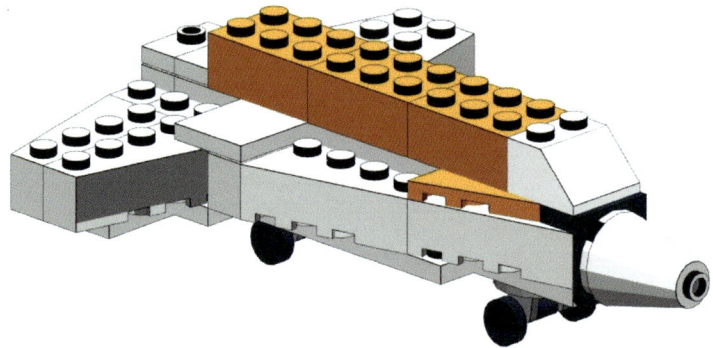

12

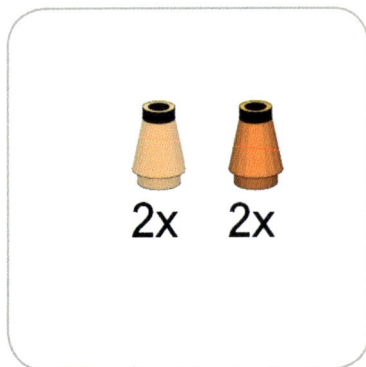

2x   2x

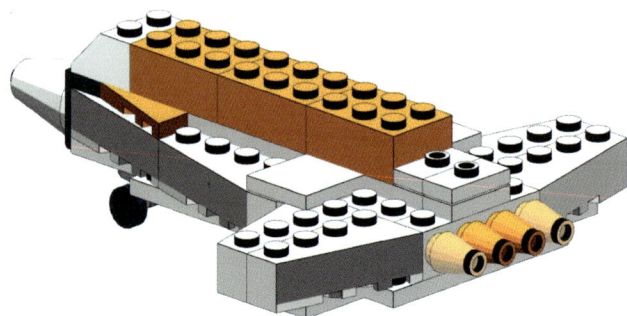

13

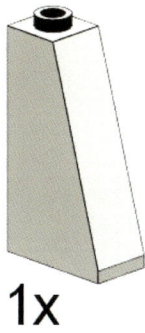 1x

 1x

1x

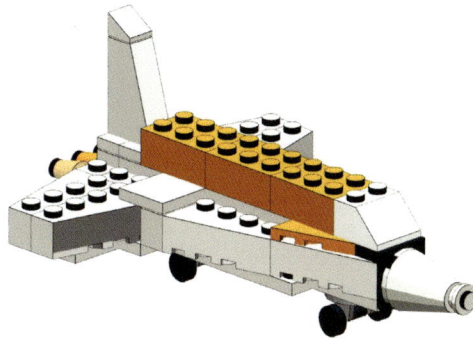

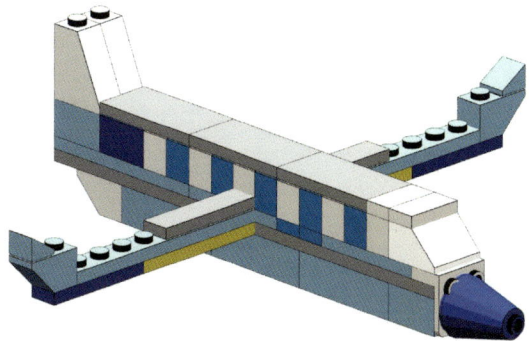

1x

1x

2x

2x

2x

1x

2x

2x

2x

 1x

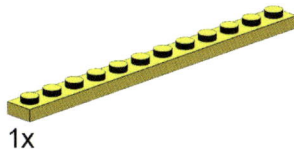 2x

2x

2x

2x

2x

5x

1x

2x

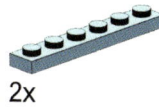 1x

5x

2x

3x

 3x

1

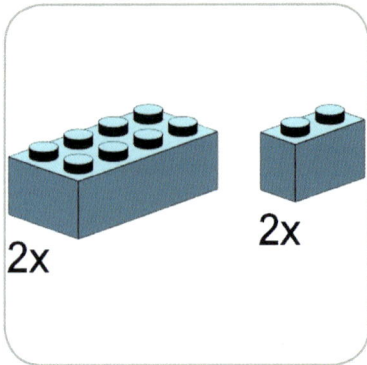

2x

2x

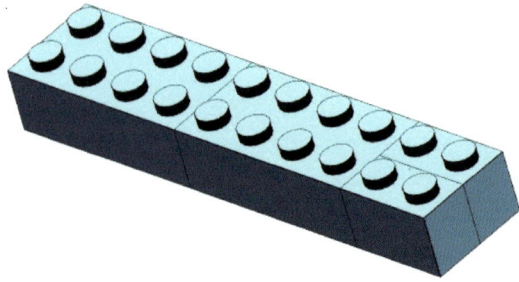

2

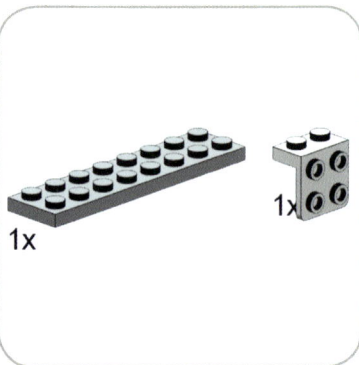

1x

1x

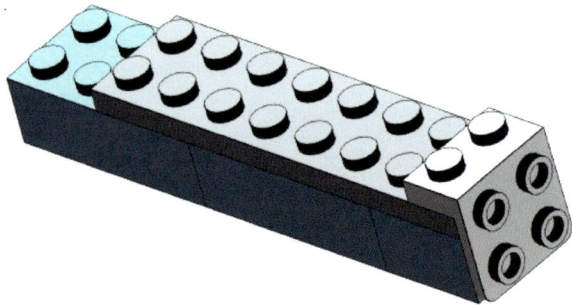

3

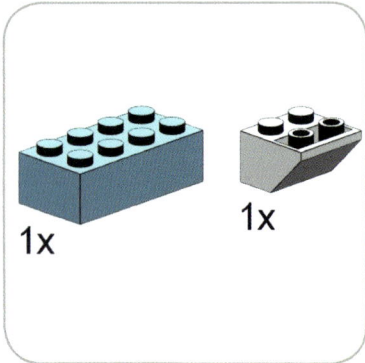

1x

1x

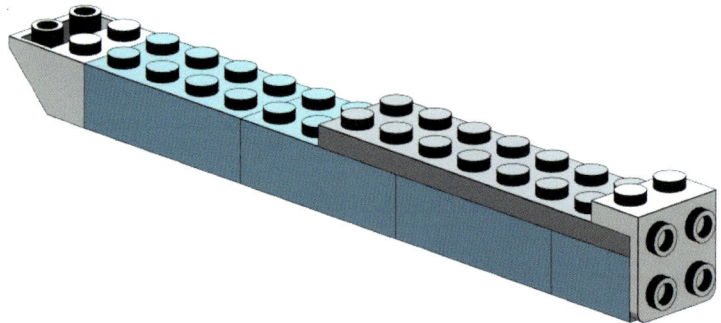

4

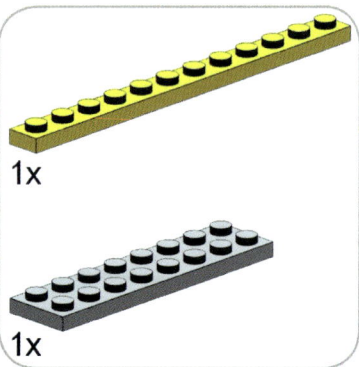

1x

1x

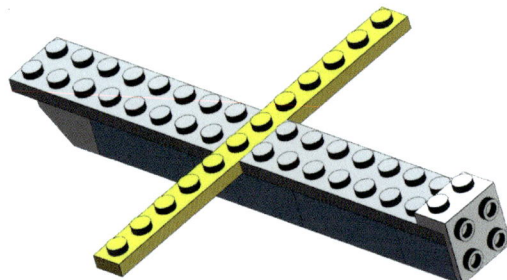

5

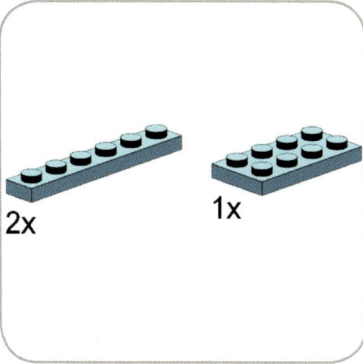

2x   1x

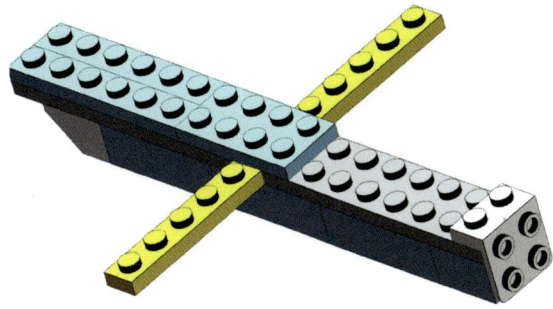

6

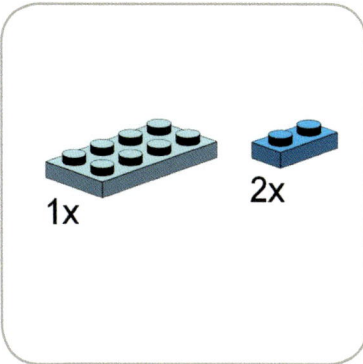

1x   2x

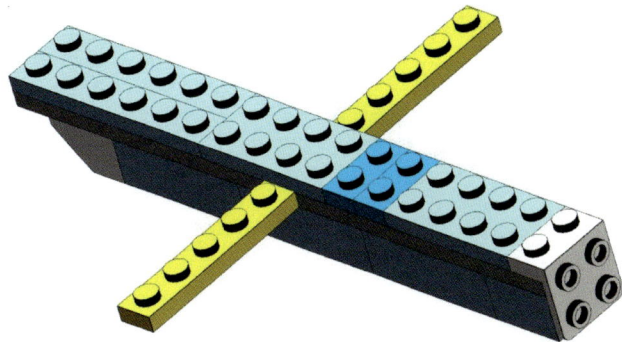

7

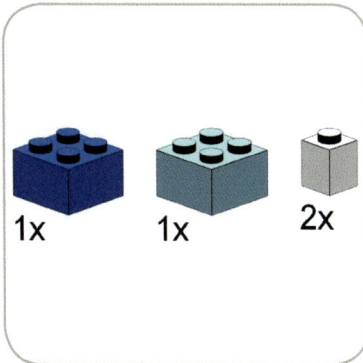

1x   1x   2x

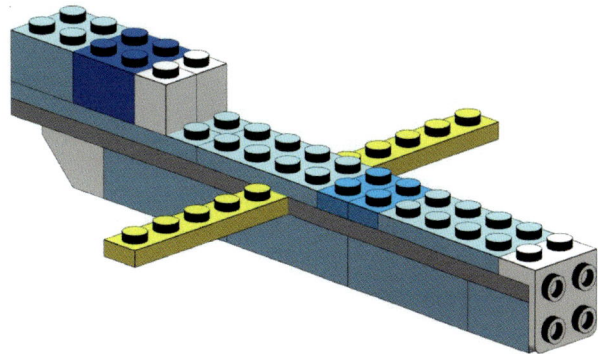

8

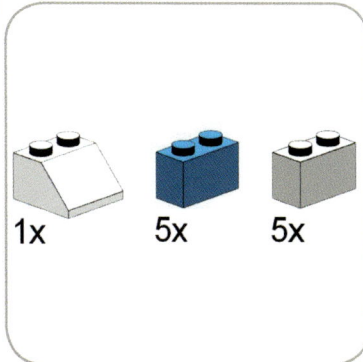

1x   5x   5x

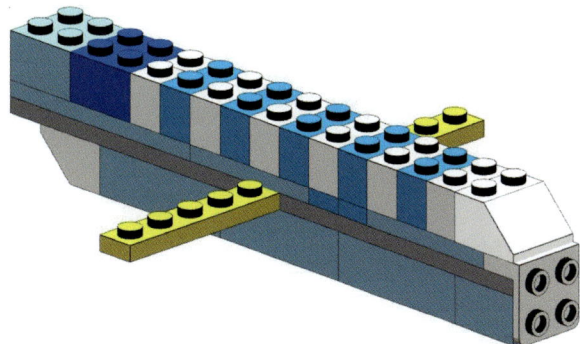

9

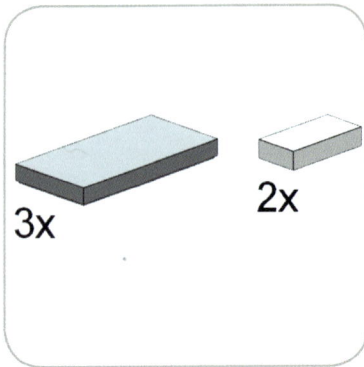

3x 2x

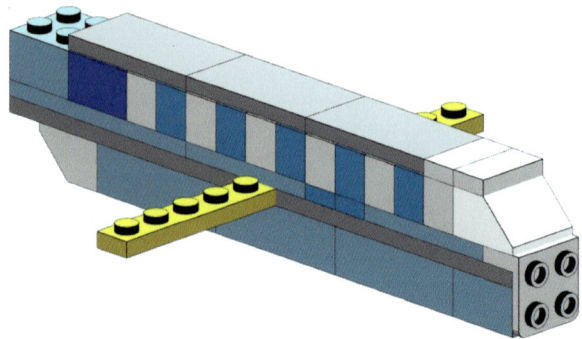

10

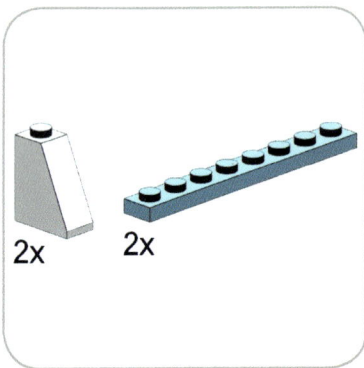

2x 2x

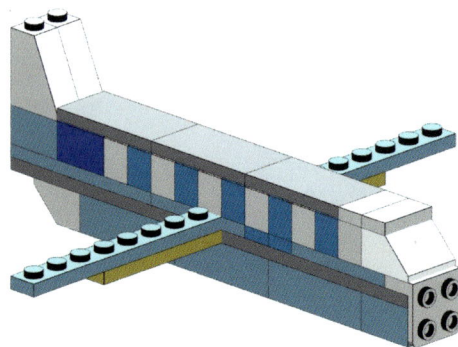

11

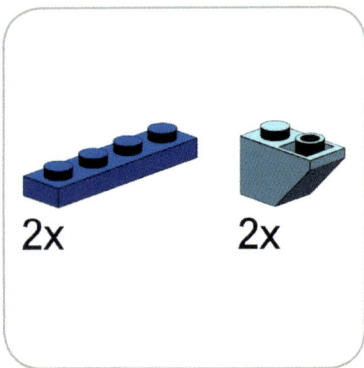

2x 2x

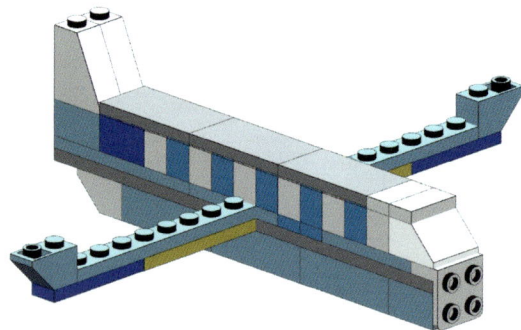

12

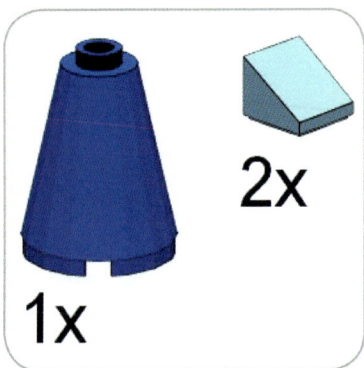

2x

1x

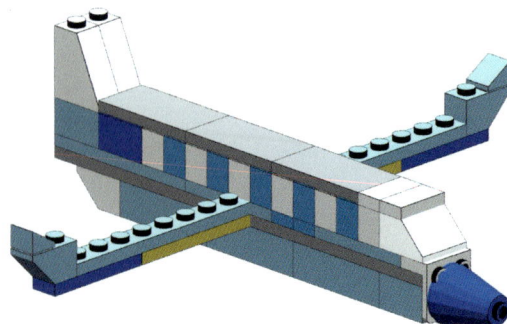

13

2x

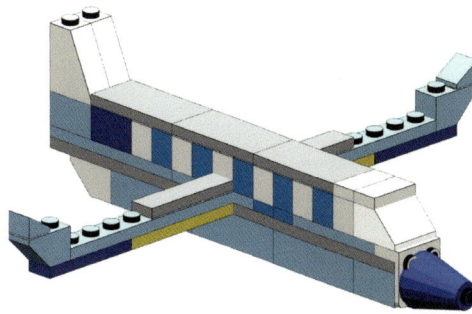

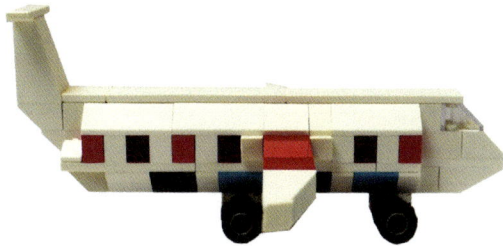

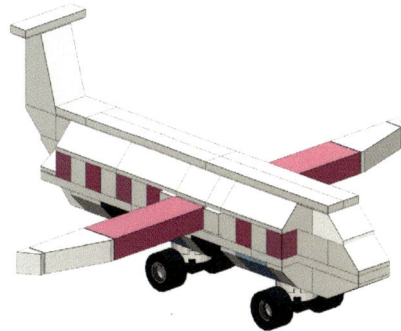

4x

4x

8x

1x

6x

2x

4x

1x

2x

5x

4x

4x

1x

5x

5x

2x

4x

1x

1x

2x

4x

1x

3x

3x

1x

1x

3x

3x

1x

2x

2x

1

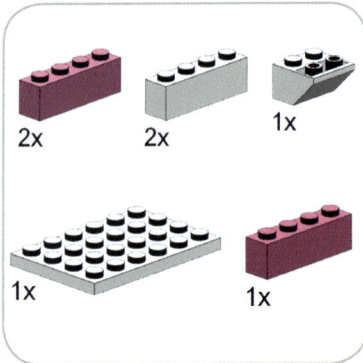

2x 2x 1x

1x 1x

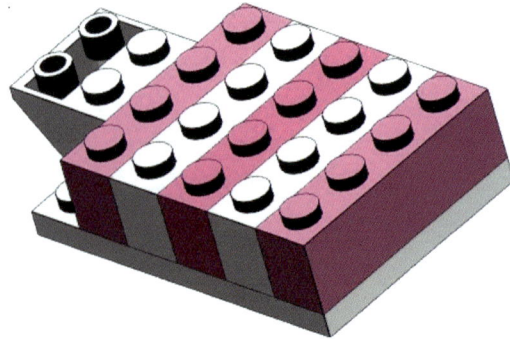

2

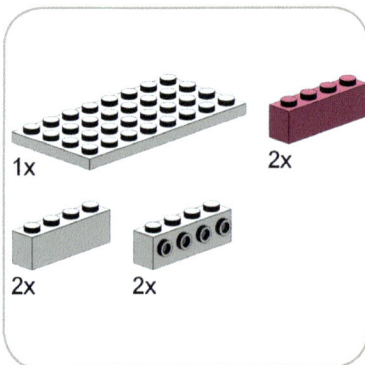

1x 2x

2x 2x

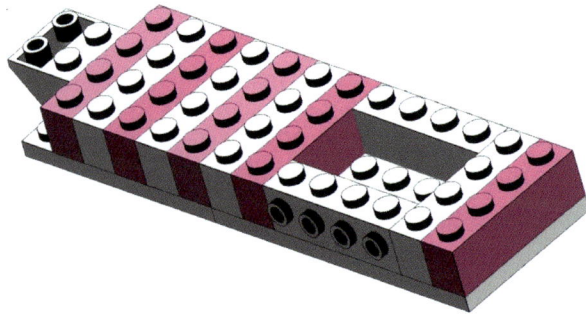

3

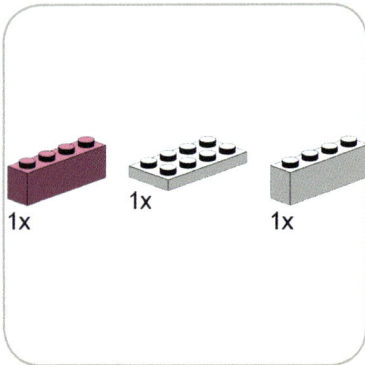

1x 1x 1x

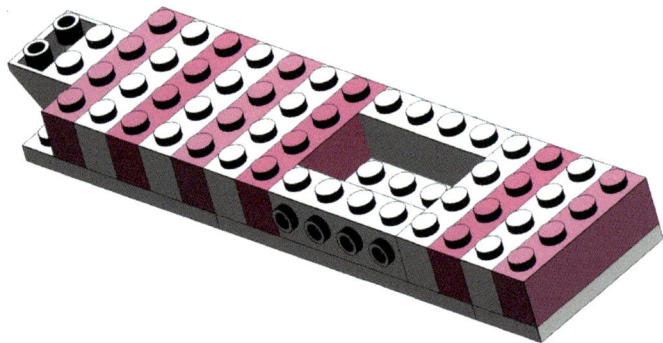

4

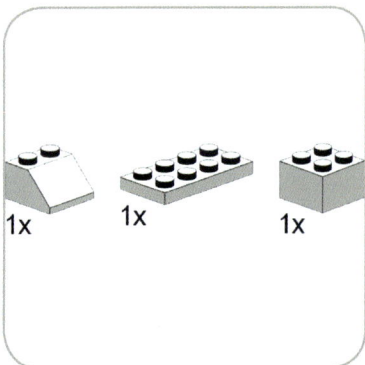

1x 1x 1x

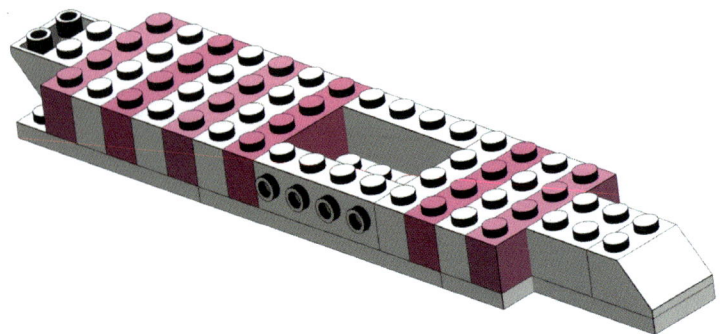

5

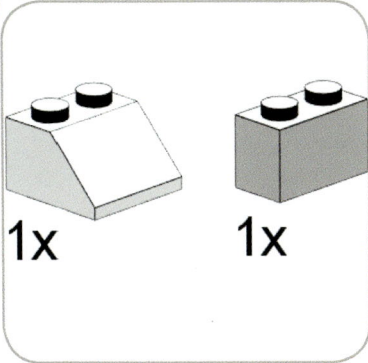

1x 1x

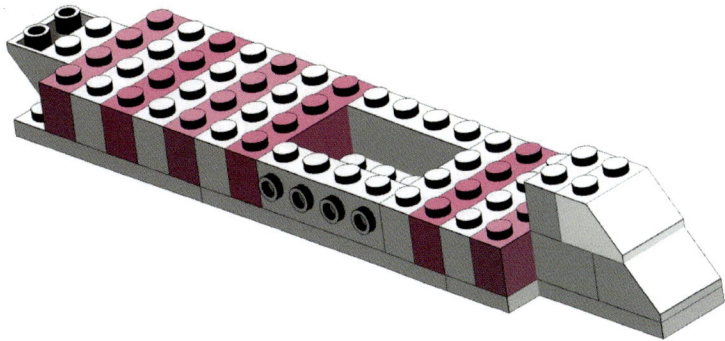

6

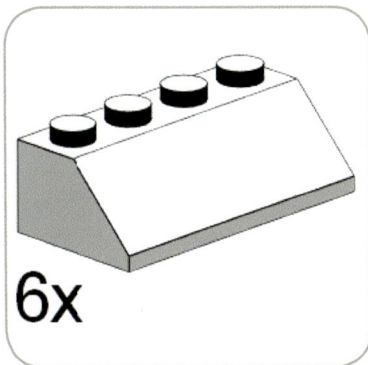

6x

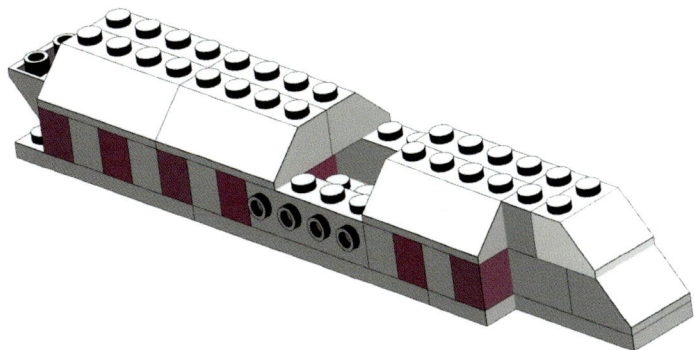

7

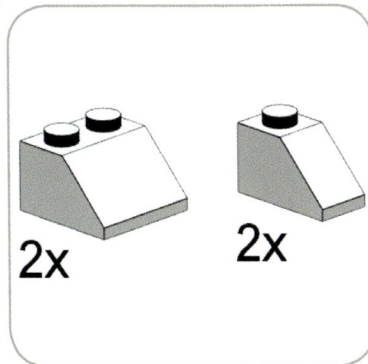

2x 2x

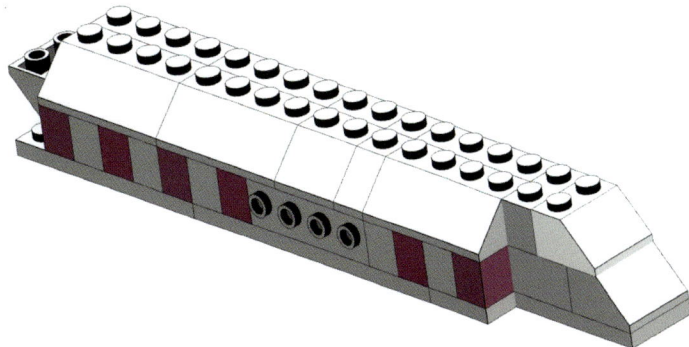

8

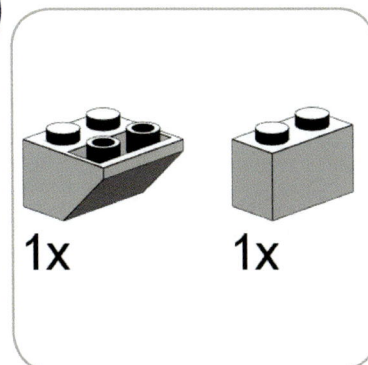

1x 1x

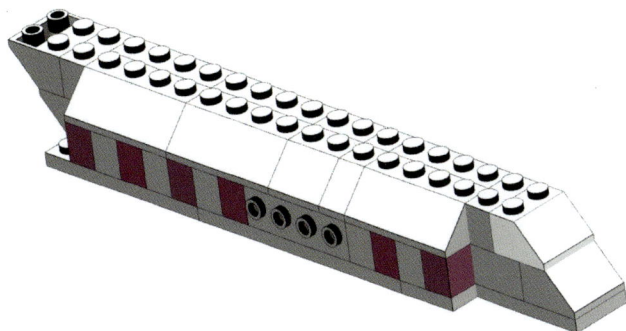

9

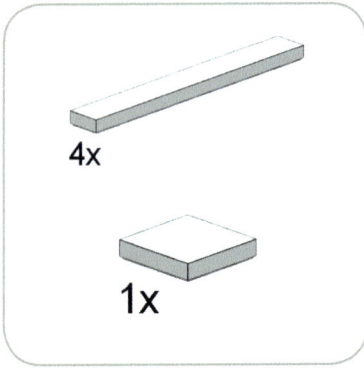

4x

1x

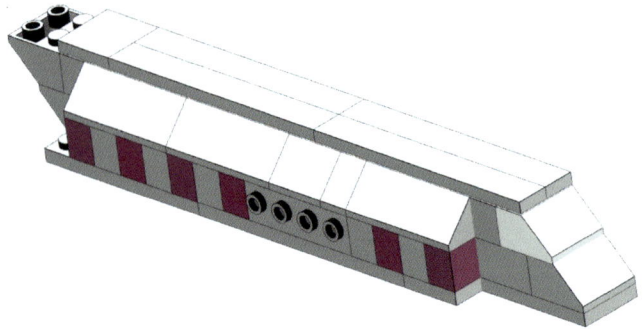

10

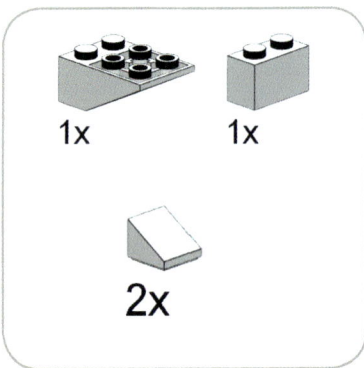

1x   1x

2x

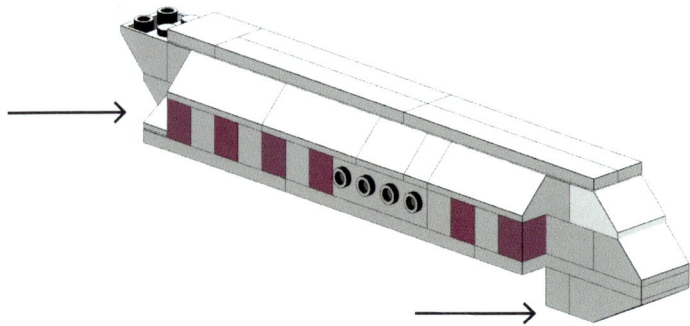

11

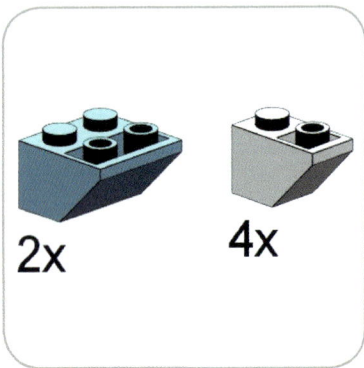

2x   4x

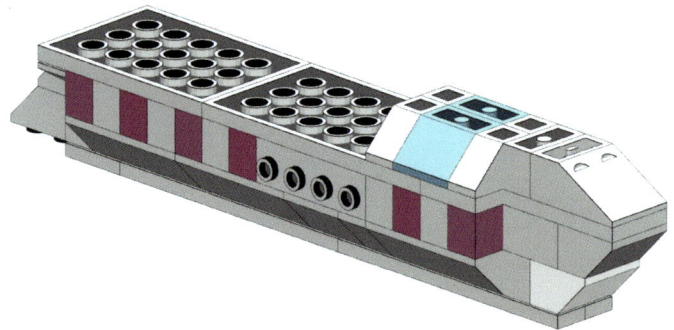

12

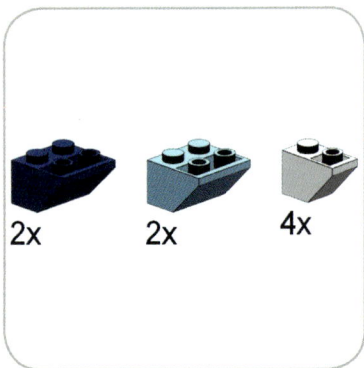

2x   2x   4x

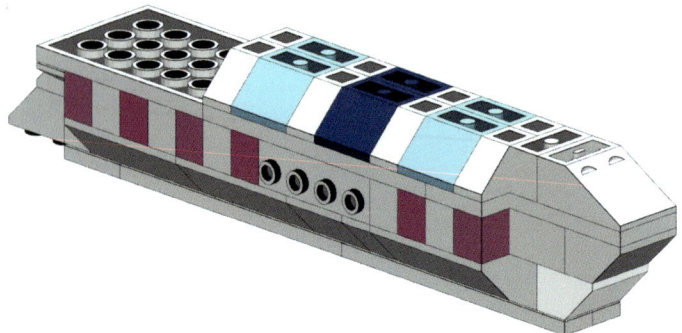

13

2x

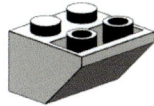

3x

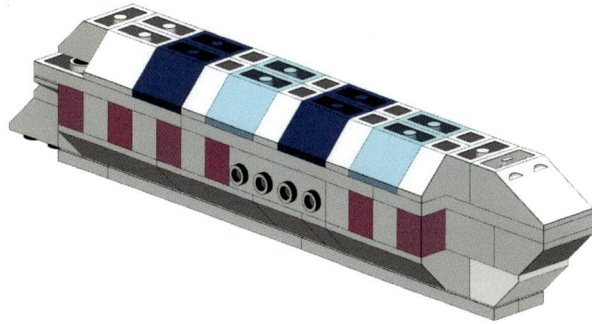

14

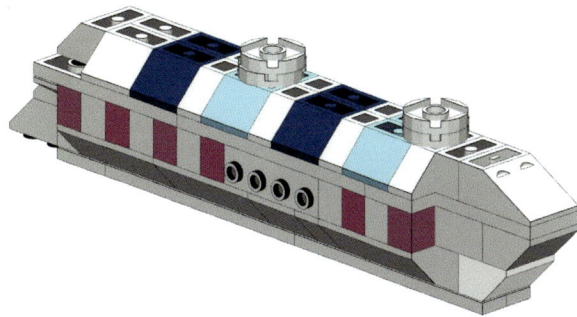

4x

15

4x   2x   4x

16

4x

17

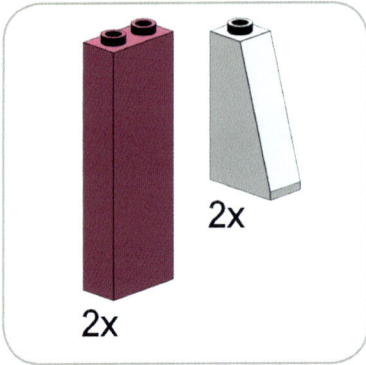

2x

2x

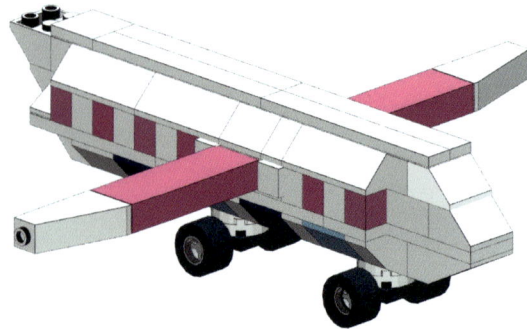

18

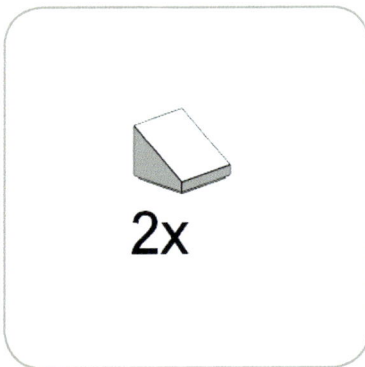

2x

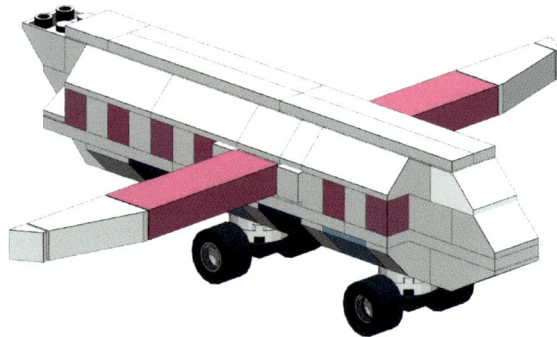

19

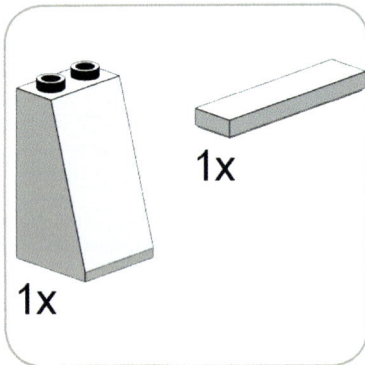

1x

1x

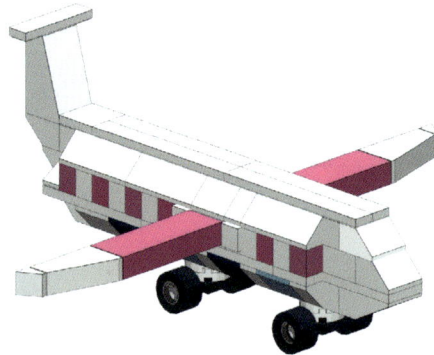

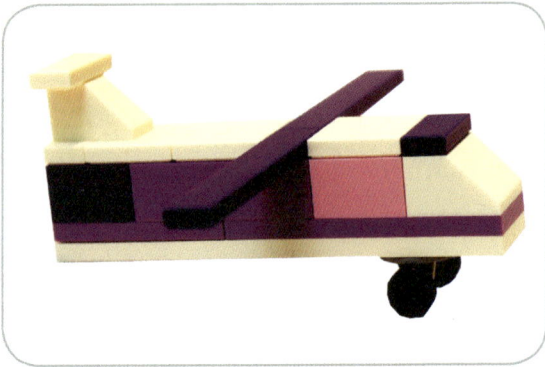

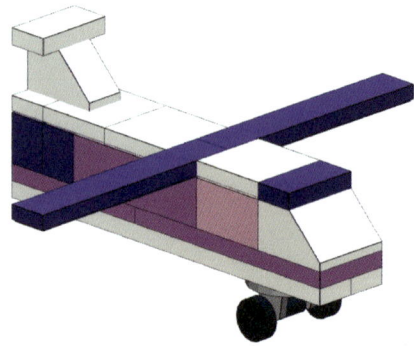

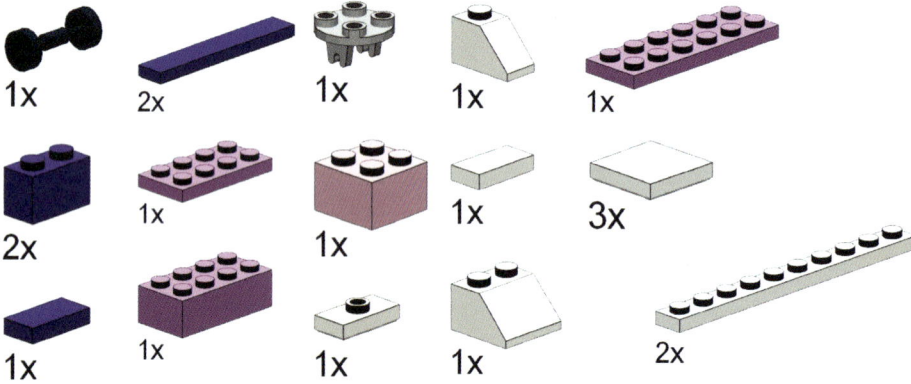

1

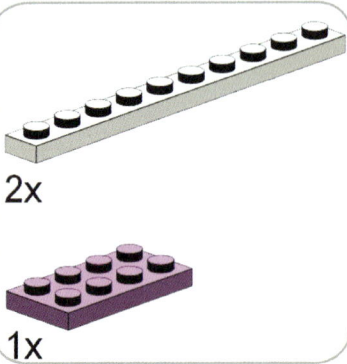

2x

1x

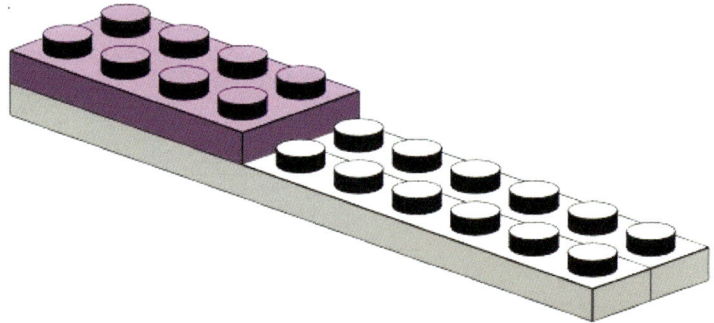

2

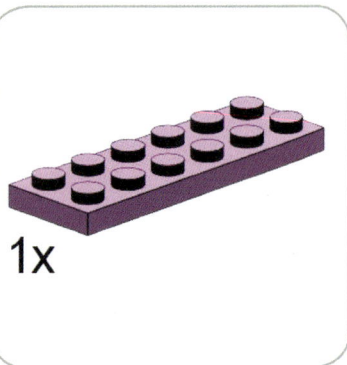

1x

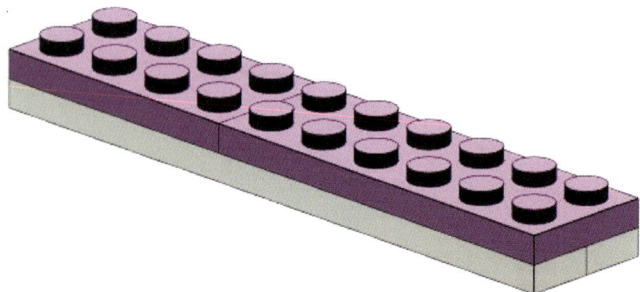

3

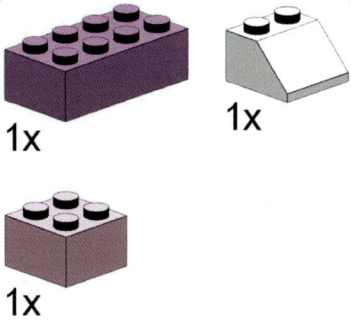

1x 1x

1x

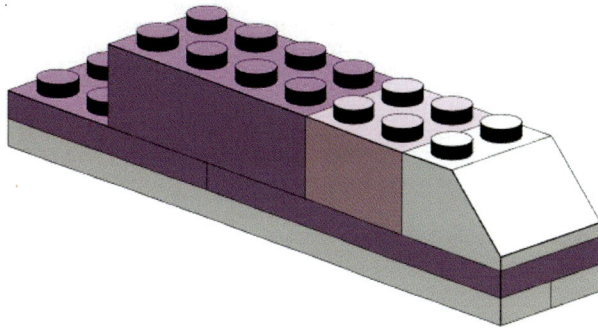

4

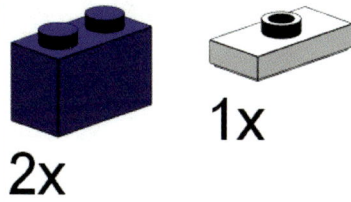

2x 1x

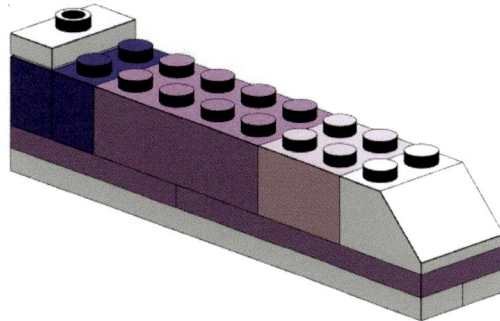

5

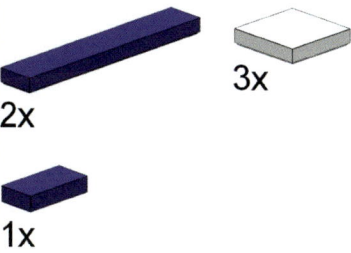

2x 3x

1x

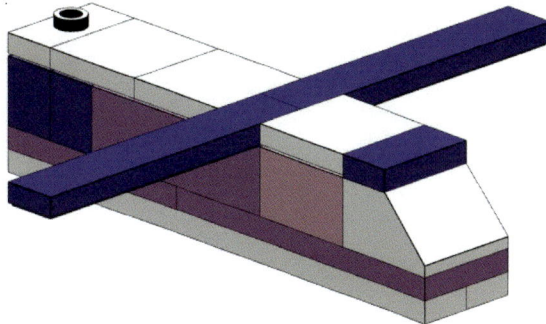

6

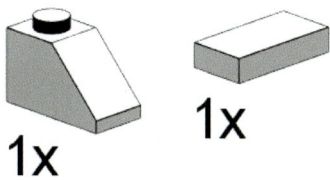

1x 1x

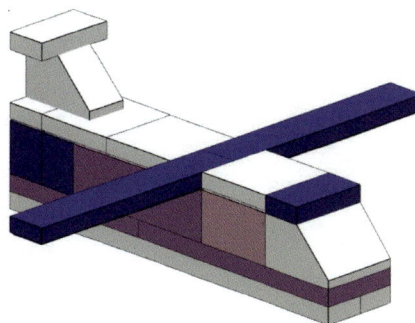

7

1x   1x

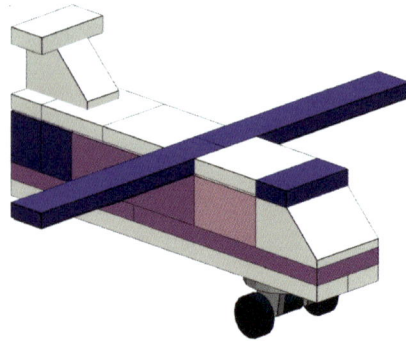

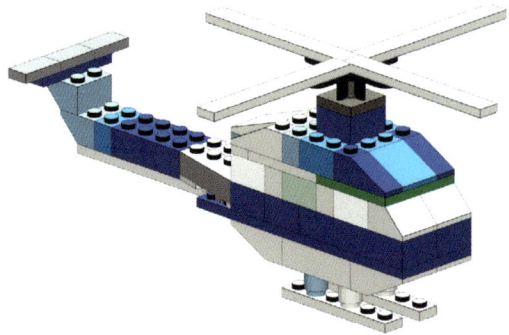

1x   2x   2x   1x   3x

1x   2x   2x   2x   1x

1x   2x   4x   1x   2x

1x   5x   1x   1x

1x   2x   2x   4x   1x

3x   4x   2x   6x

2x   2x   1x   1x

1

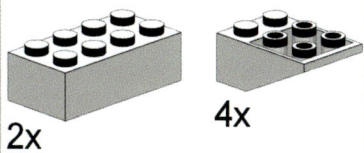

2x   4x

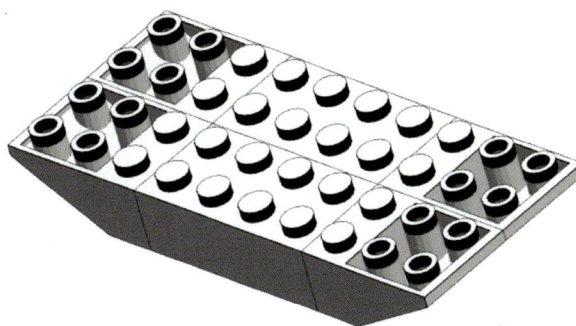

2

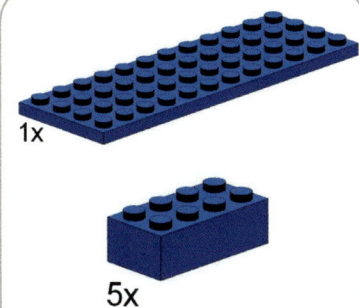

1x

5x

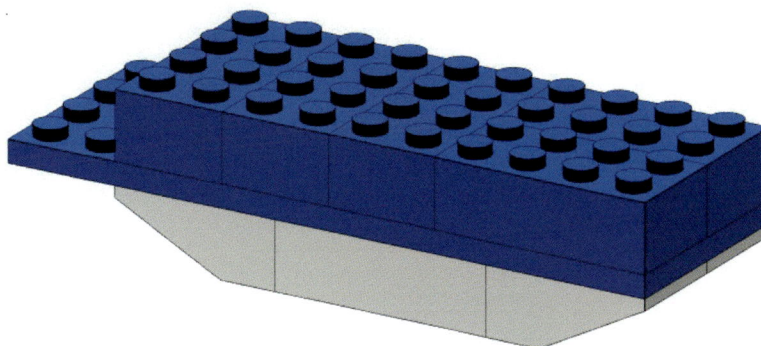

3

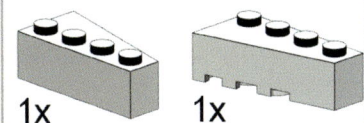

1x   1x

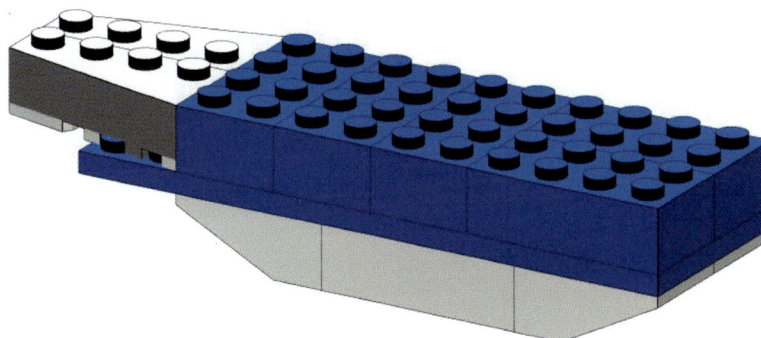

4

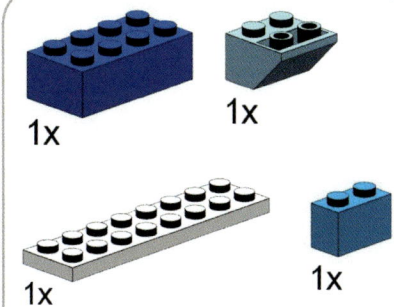

1x   1x

1x   1x

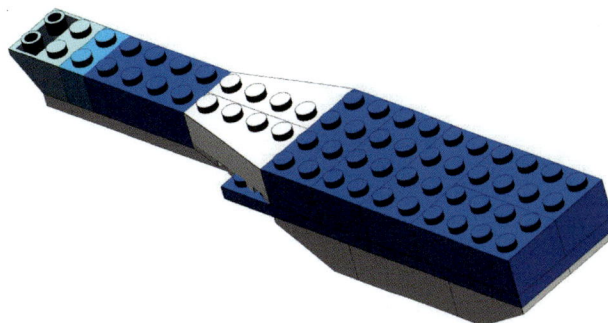

5

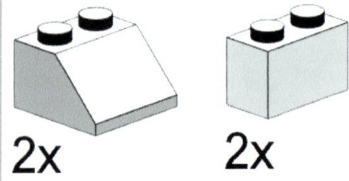

2x   2x

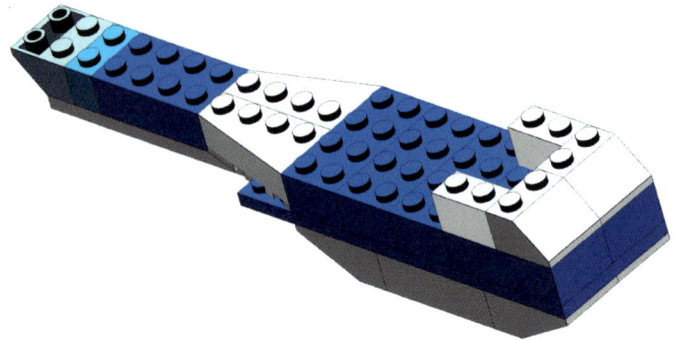

6

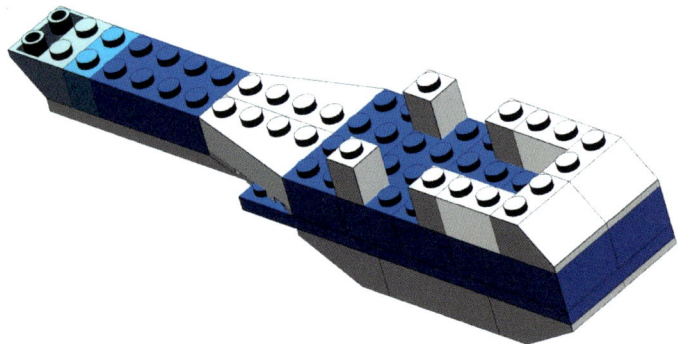

4x

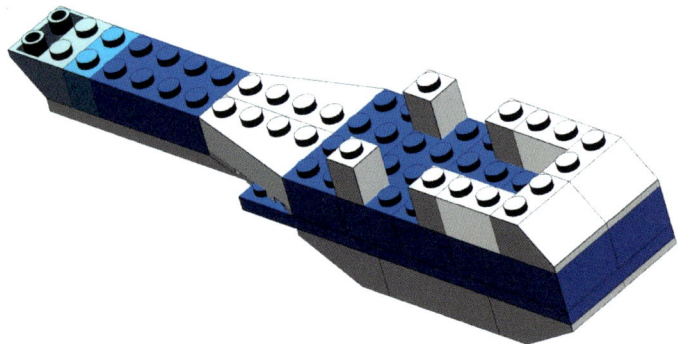

7

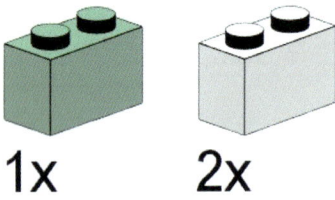

1x   2x

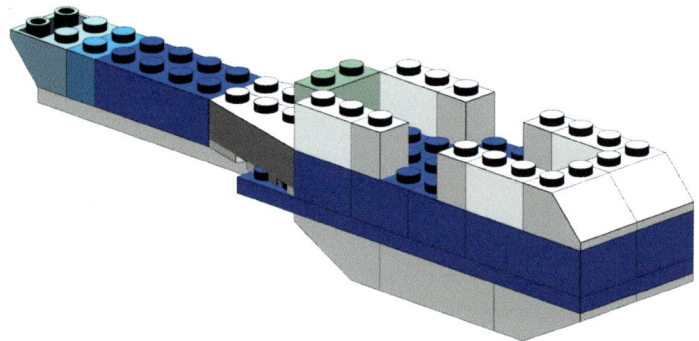

8

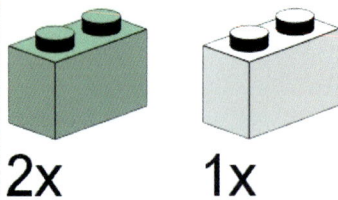

2x   1x

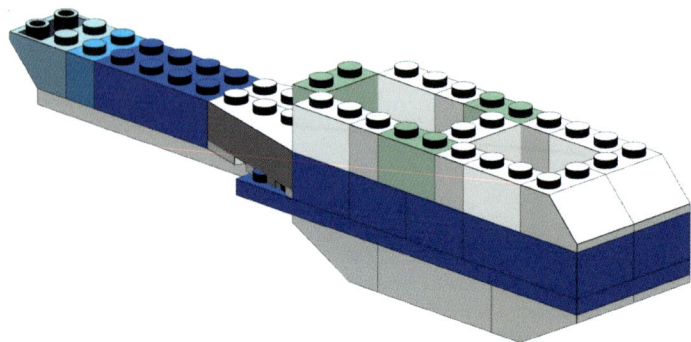

9

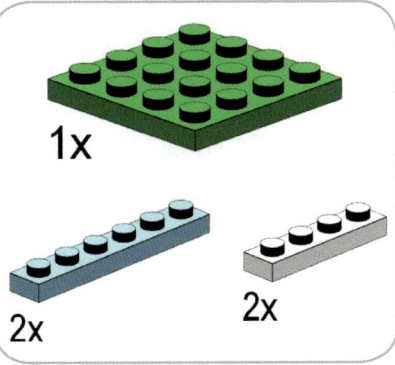

1x

2x

2x

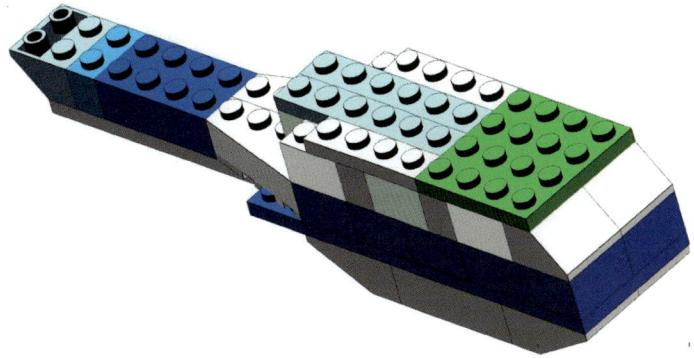

10

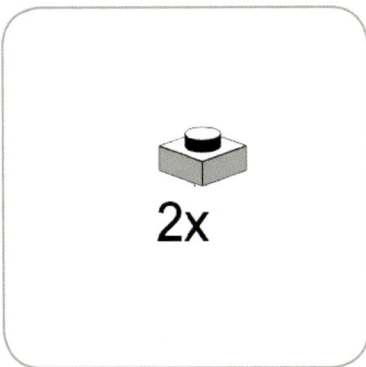

2x

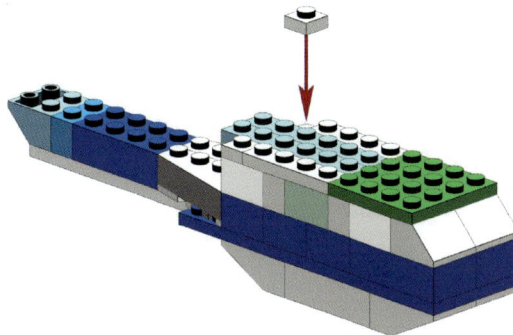

11

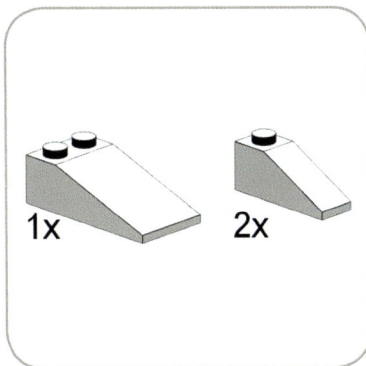

1x

2x

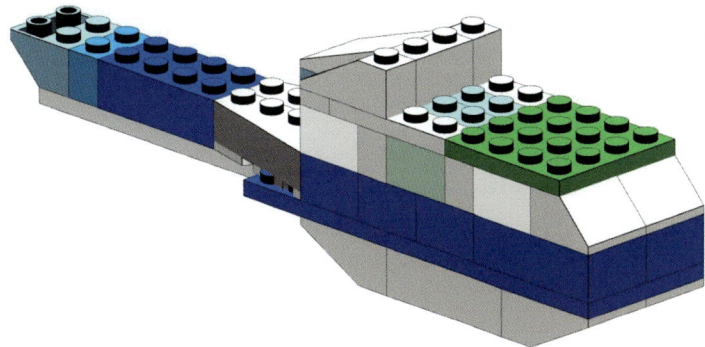

12

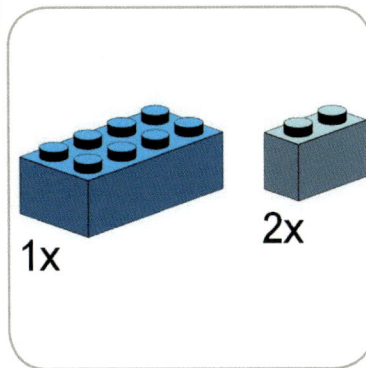

1x

2x

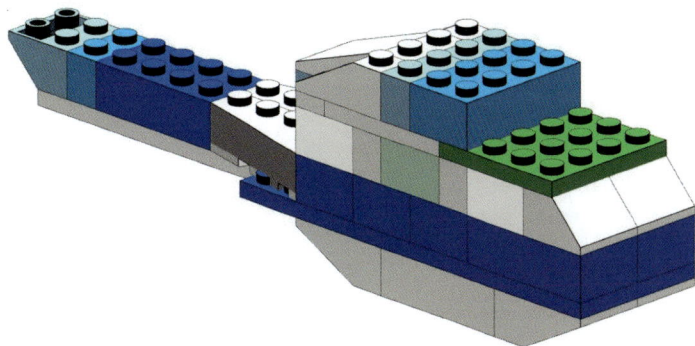

13

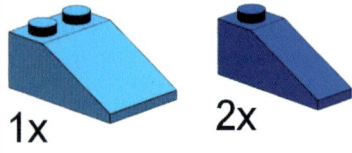

1x   2x

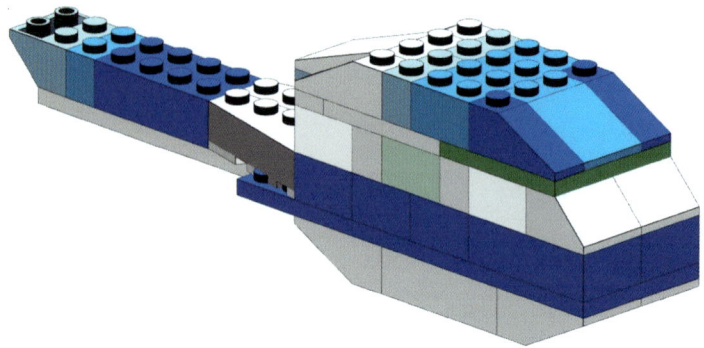

14

1x   1x   1x

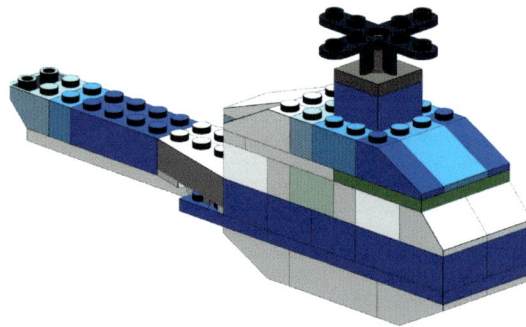

15

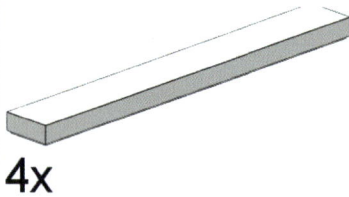

4x

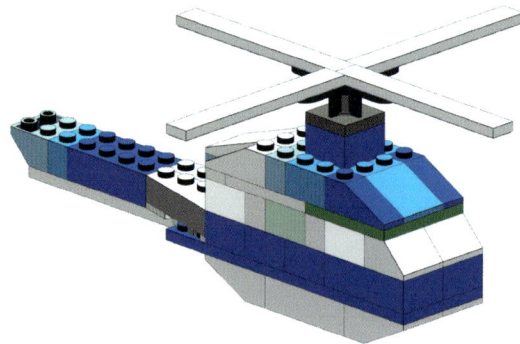

16

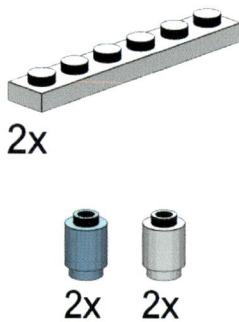

2x

2x   2x

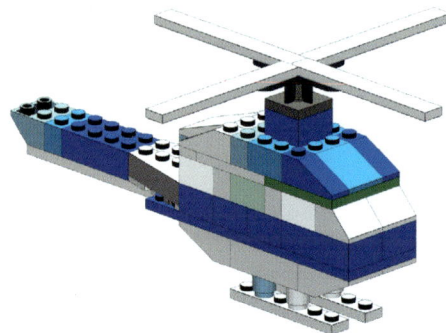

17

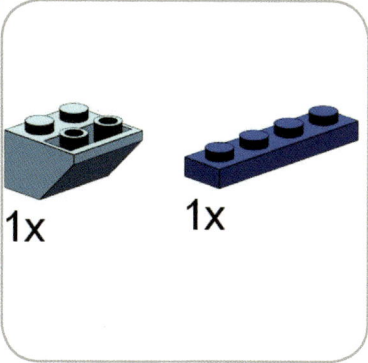

1x   1x

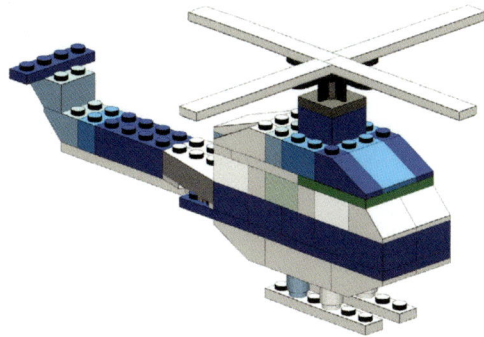

18

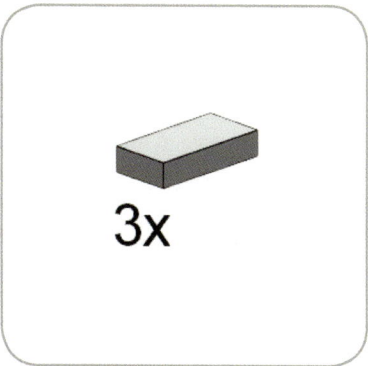

3x

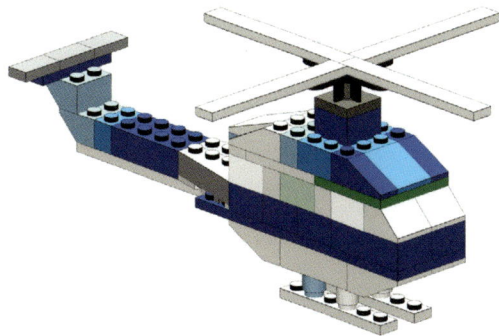

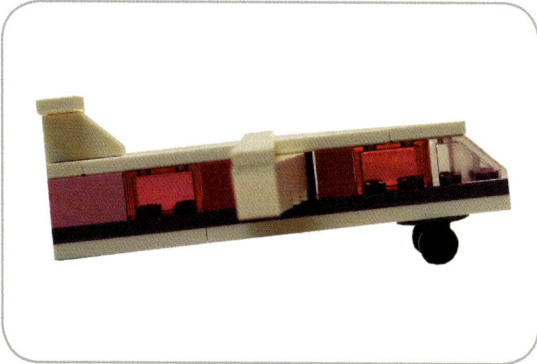

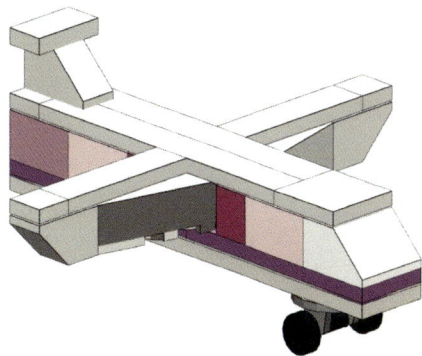

1x   2x    2x   1x   2x   1x

4x   1x   1x   2x   1x   1x

2x   1x   1x   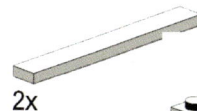 2x   2x   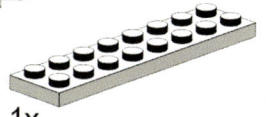 1x

1

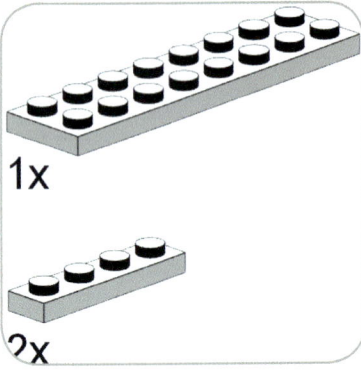

1x

2x

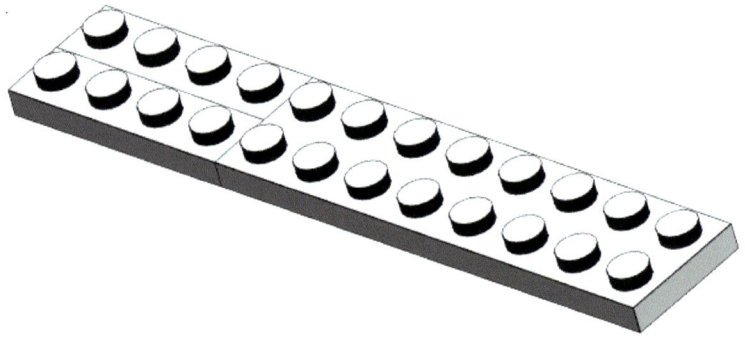

2

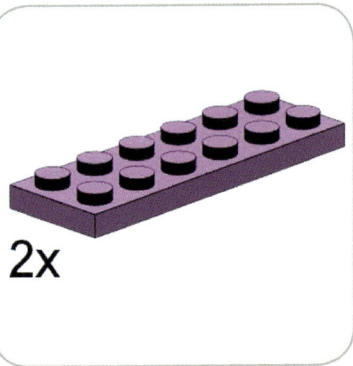

2x

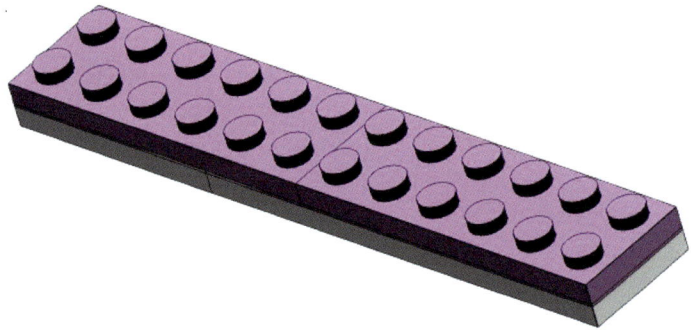

3

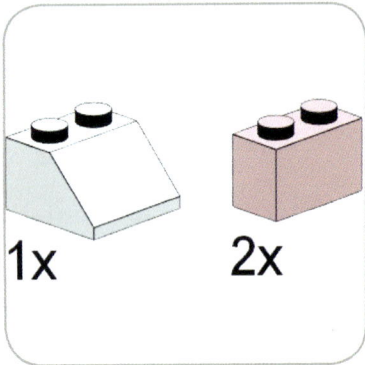

1x   2x

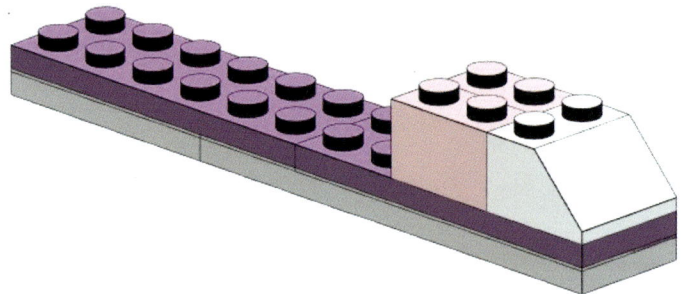

4

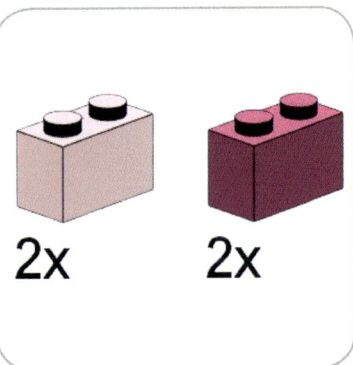

2x   2x

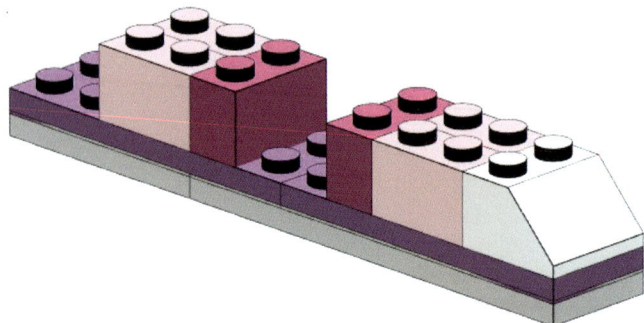

5

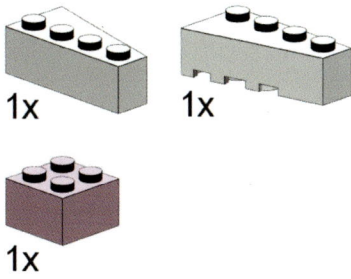

1x 1x

1x

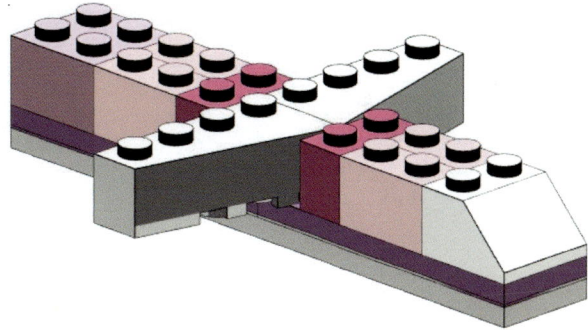

6

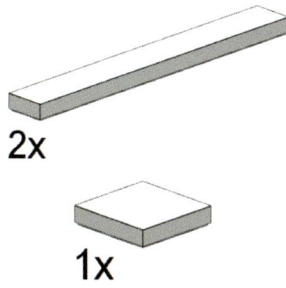

2x

1x

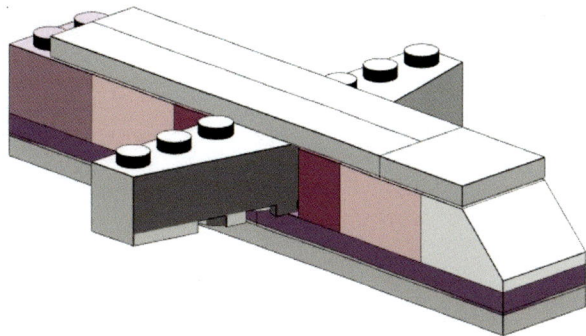

7

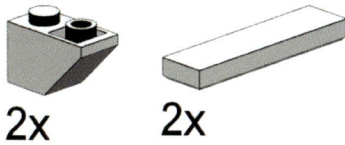

2x 2x

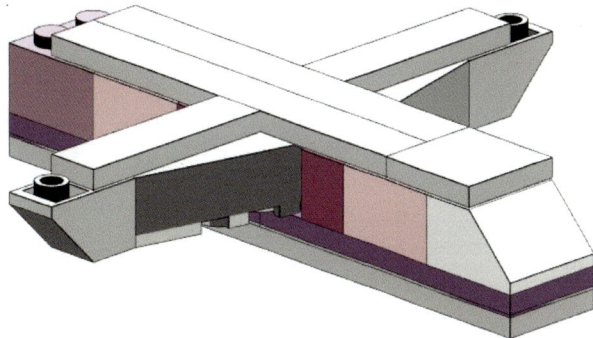

8

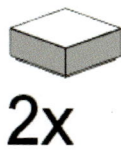

2x

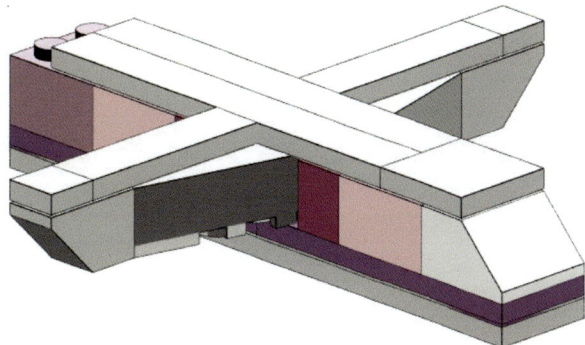

9

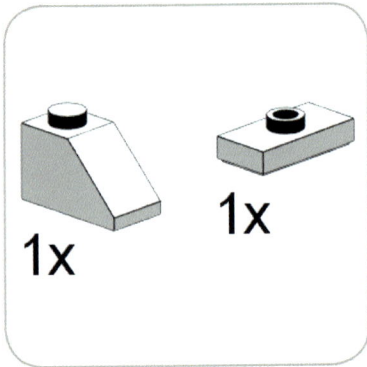

1x   1x

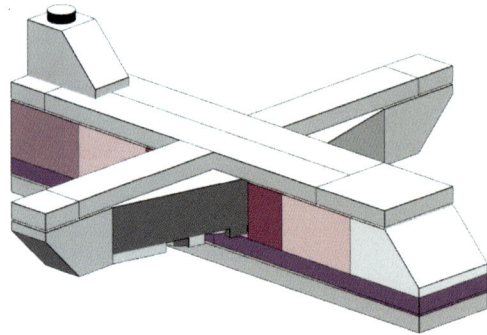

10

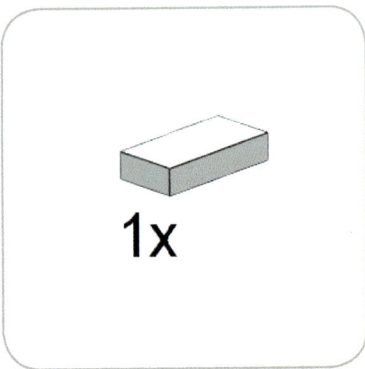

1x

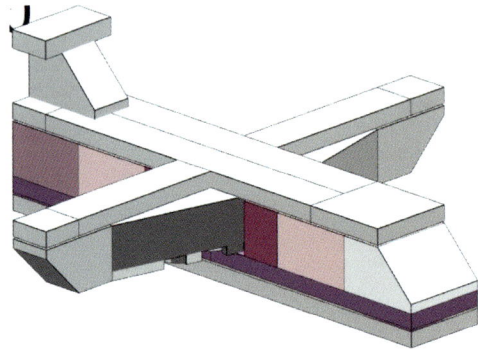

11

1x   1x

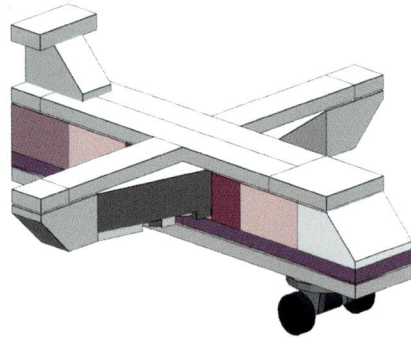

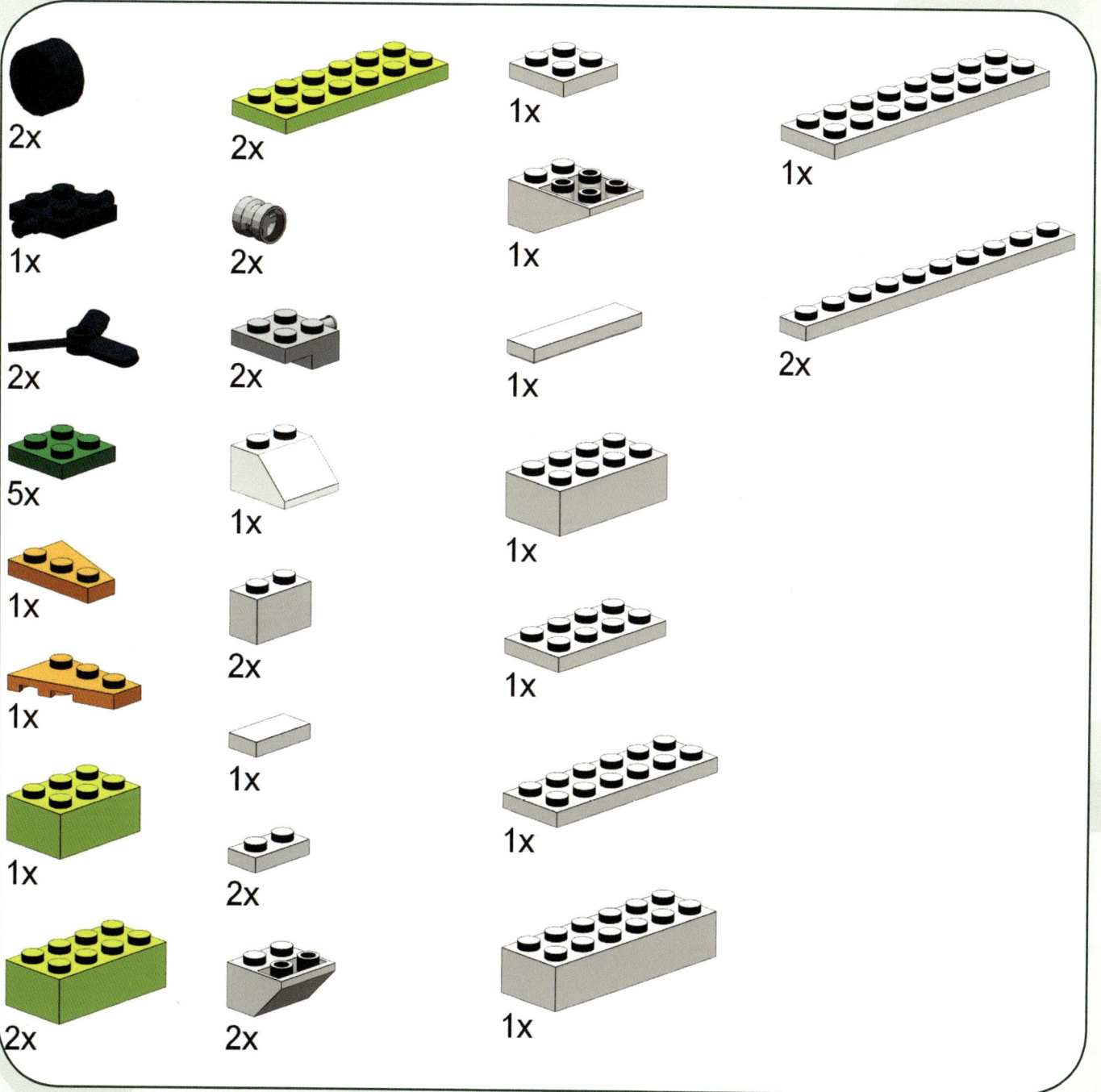

1

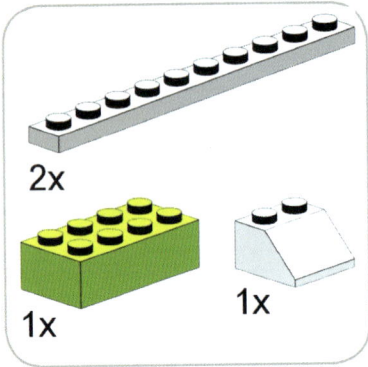

2x

1x   1x

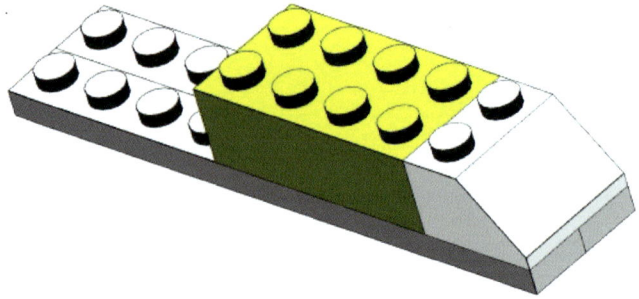

2

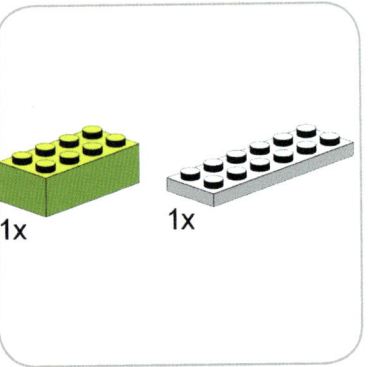

1x   1x

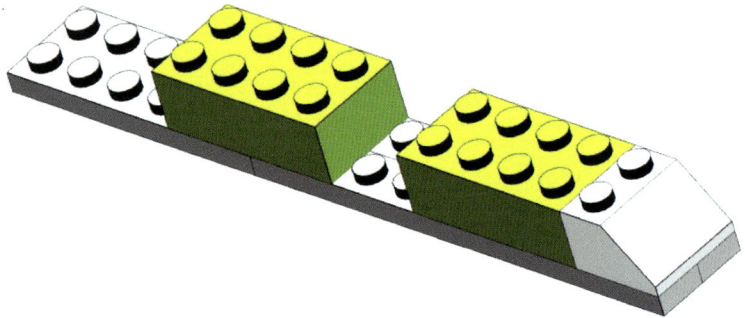

3

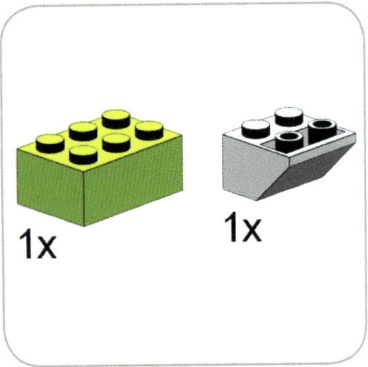

1x   1x

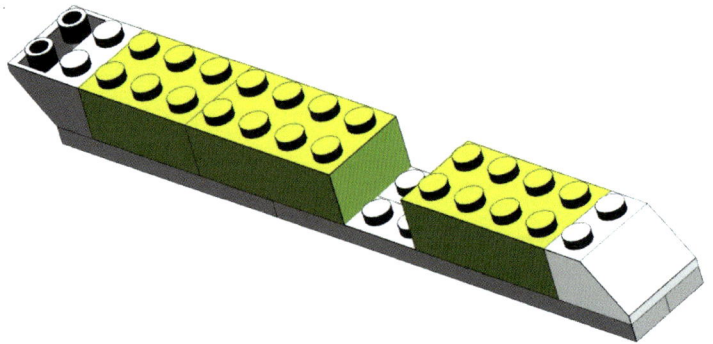

4

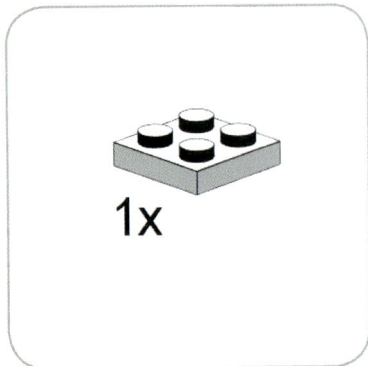

1x

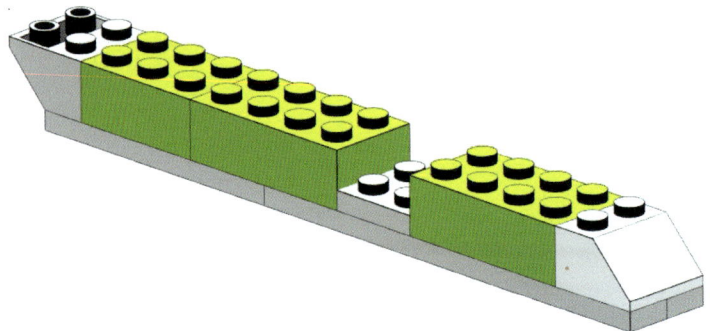

5

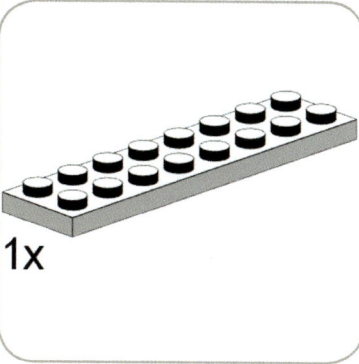

1x

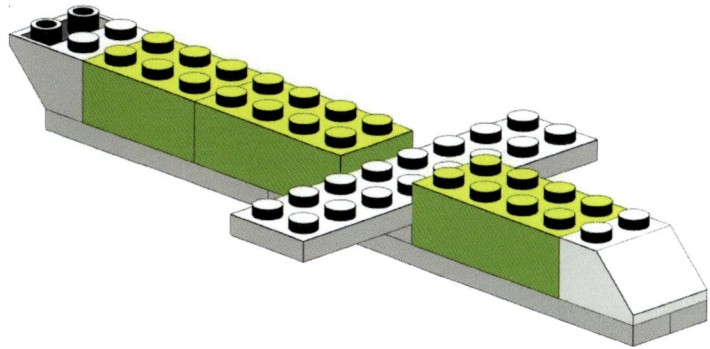

6

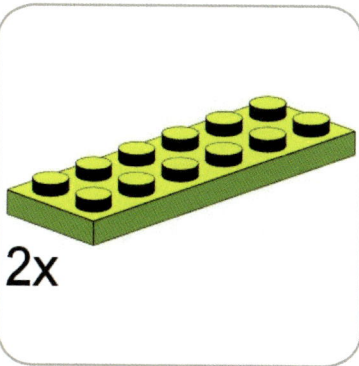

2x

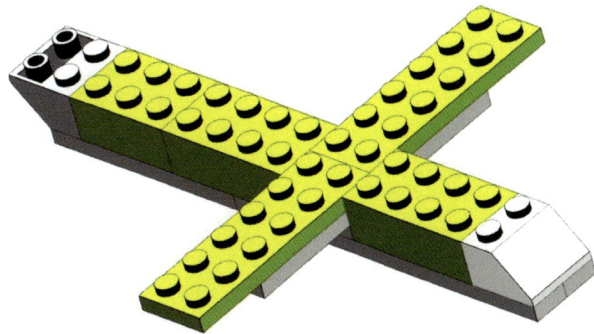

7

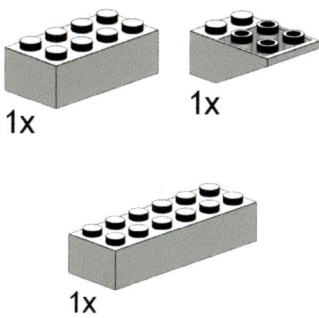

1x   1x

1x

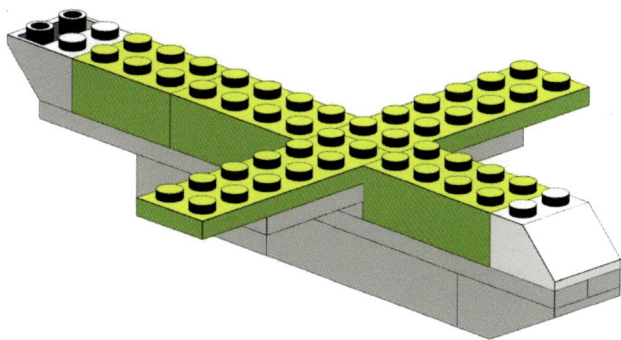

8

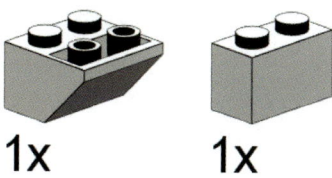

1x   1x

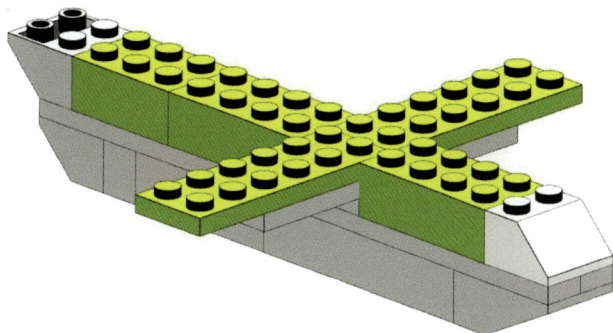

9

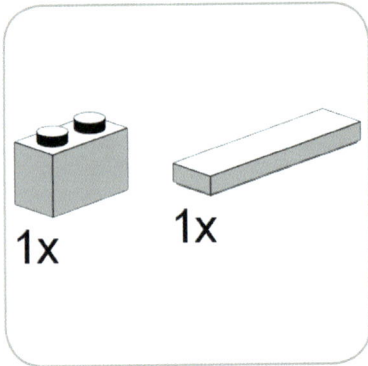

1x 1x

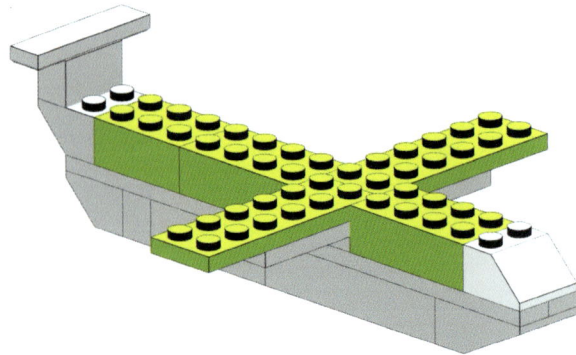

10

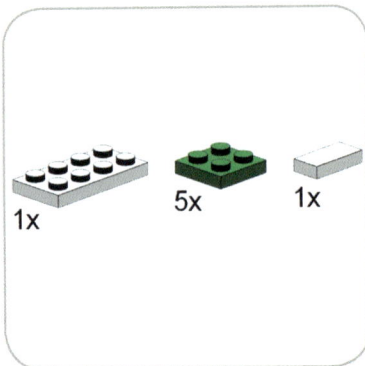

1x 5x 1x

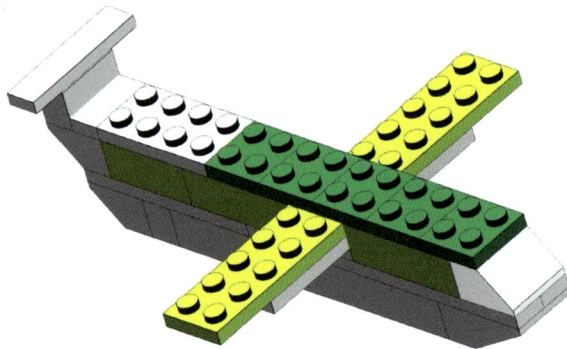

11

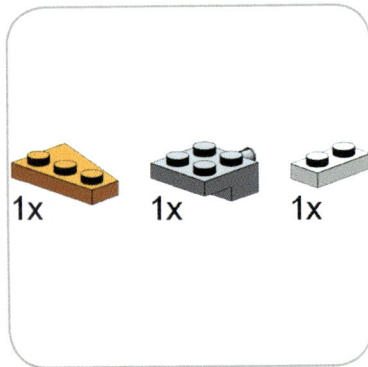

1x 1x 1x

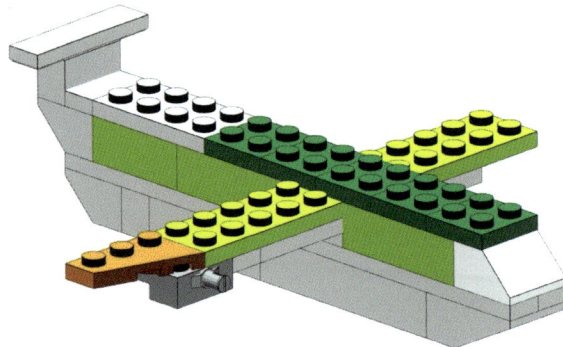

12

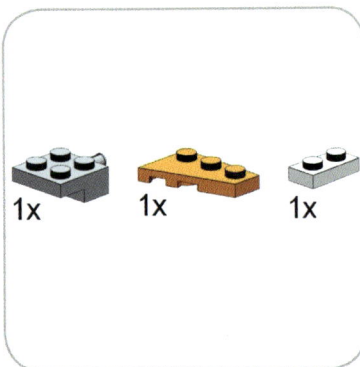

1x 1x 1x

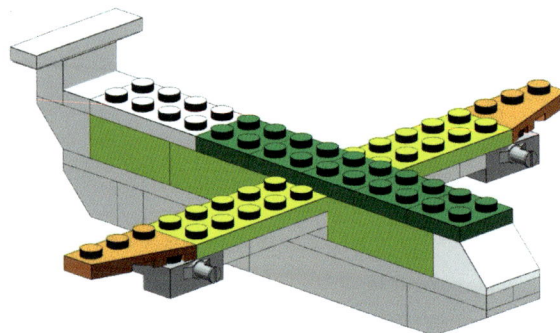

13

2x 1x 2x

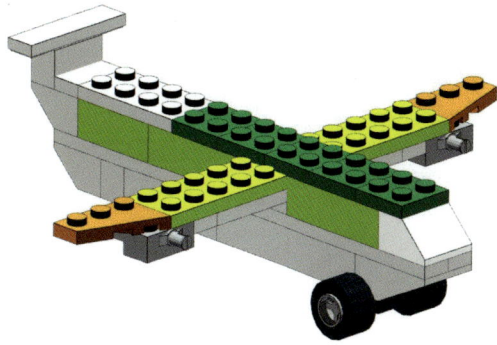

14

2x

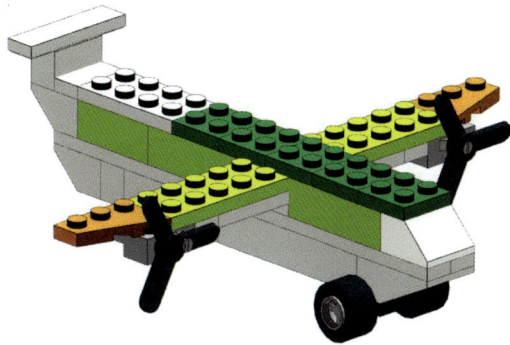

2

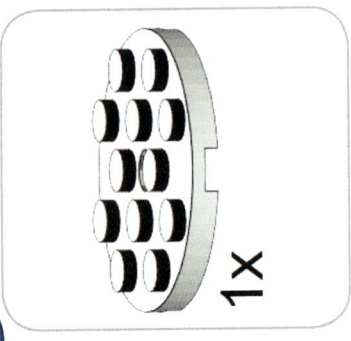

1x

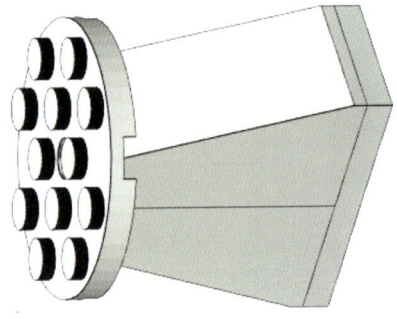

1

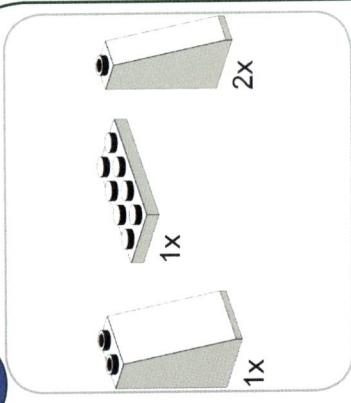

2x

1x

1x

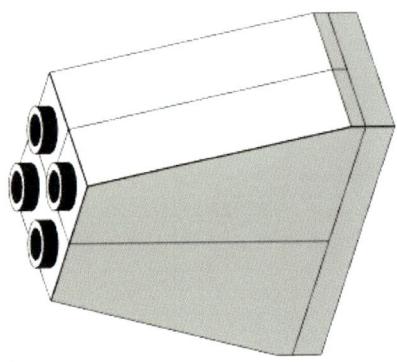

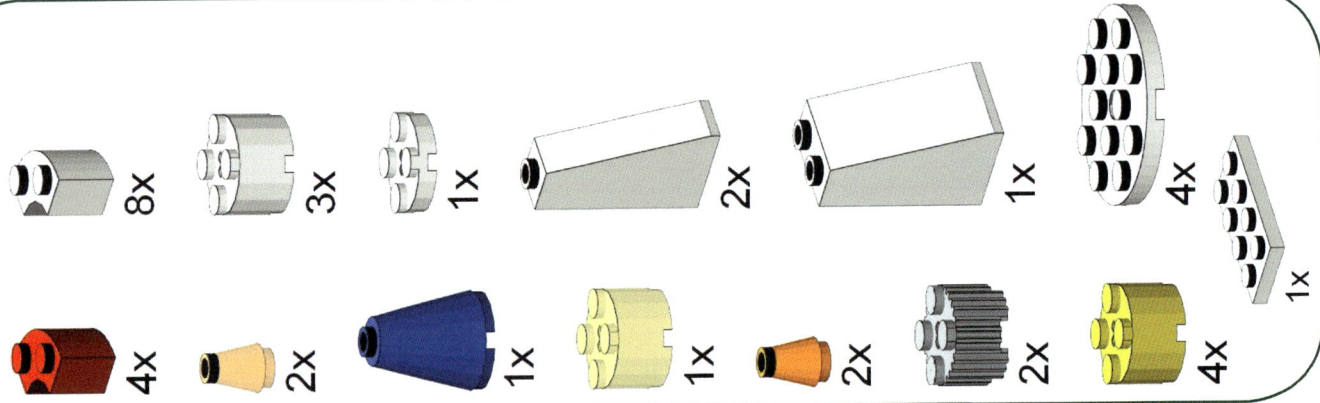

8x   3x   1x   2x   1x   4x

1x

4x   2x   1x   1x   2x   2x   4x

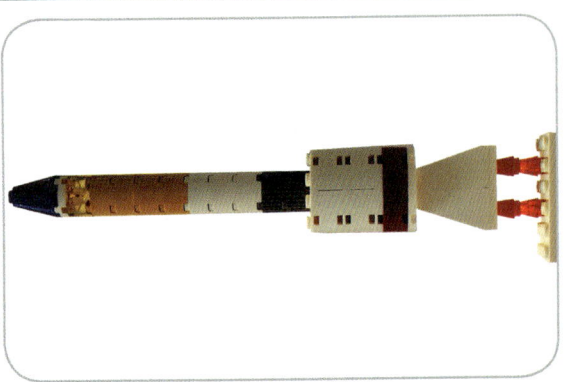

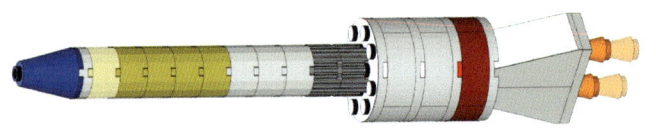

6

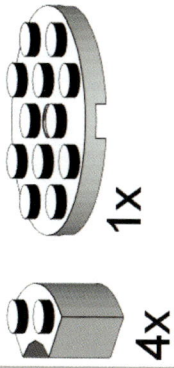

1x

4x

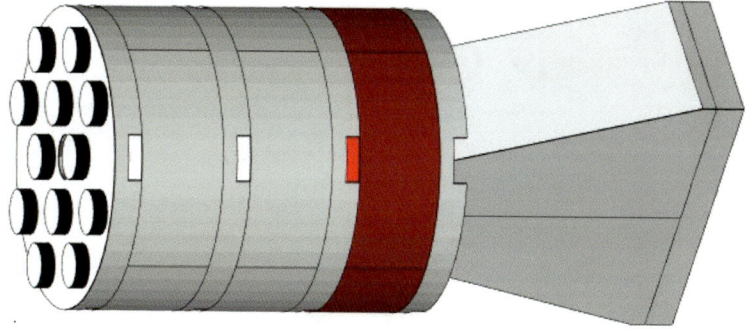

5

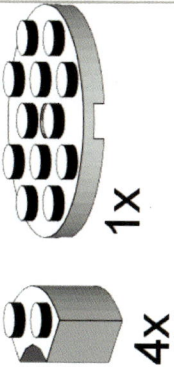

1x

4x

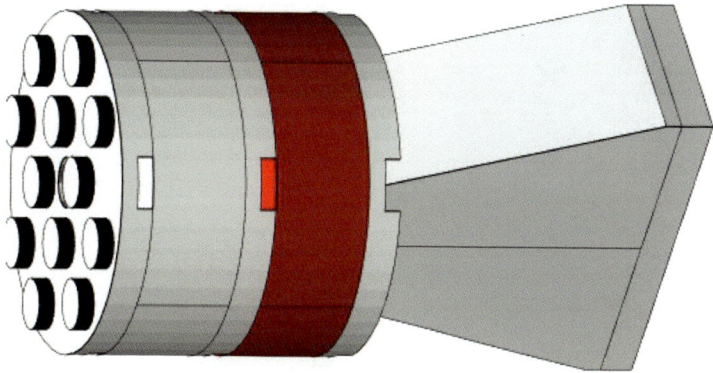

4

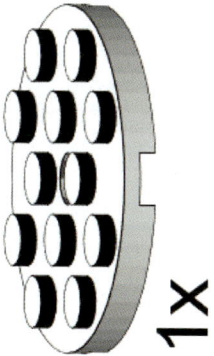

1x

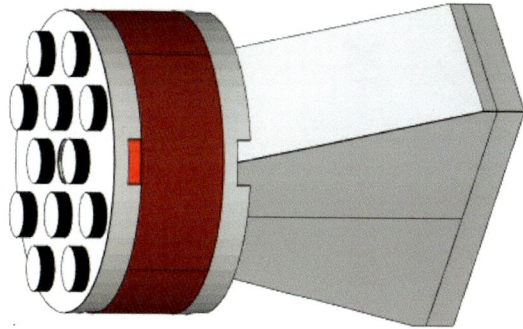

3

4x

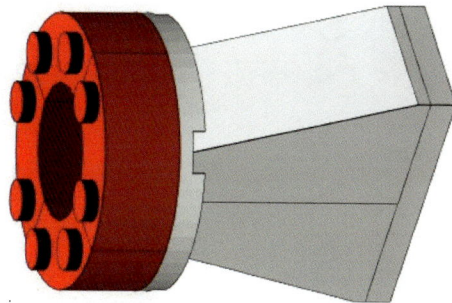

10

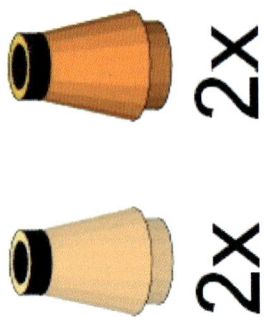

2x

2x

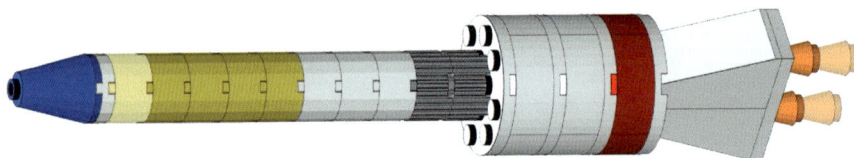

9

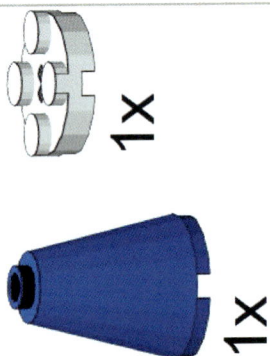

1x

1x

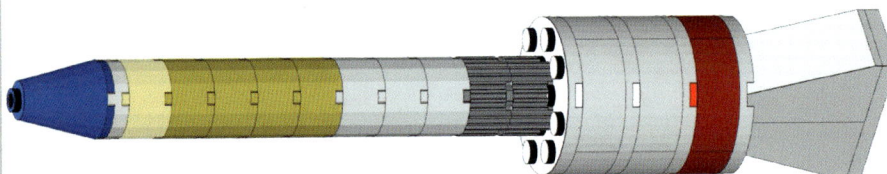

8

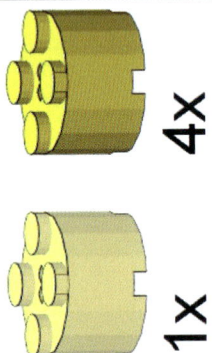

4x

1x

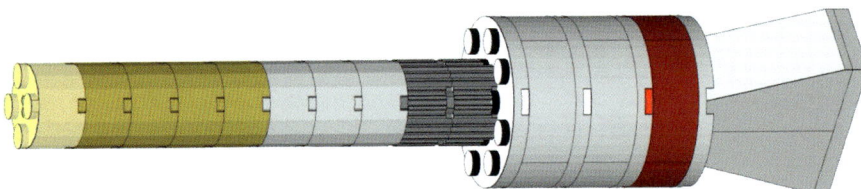

7

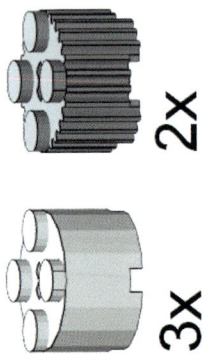

2x

3x

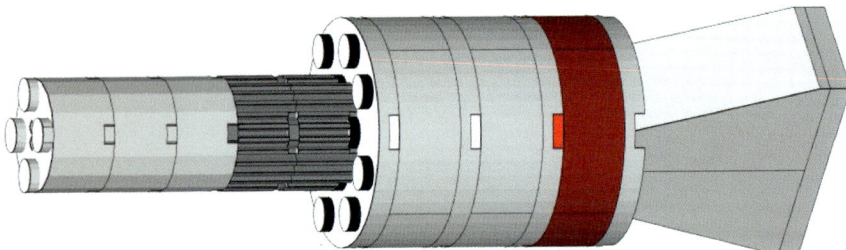

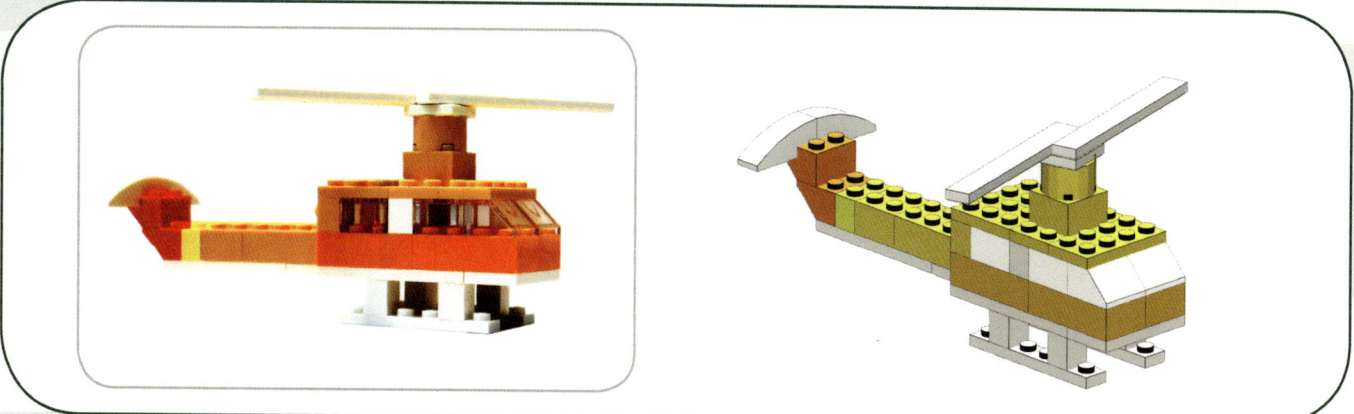

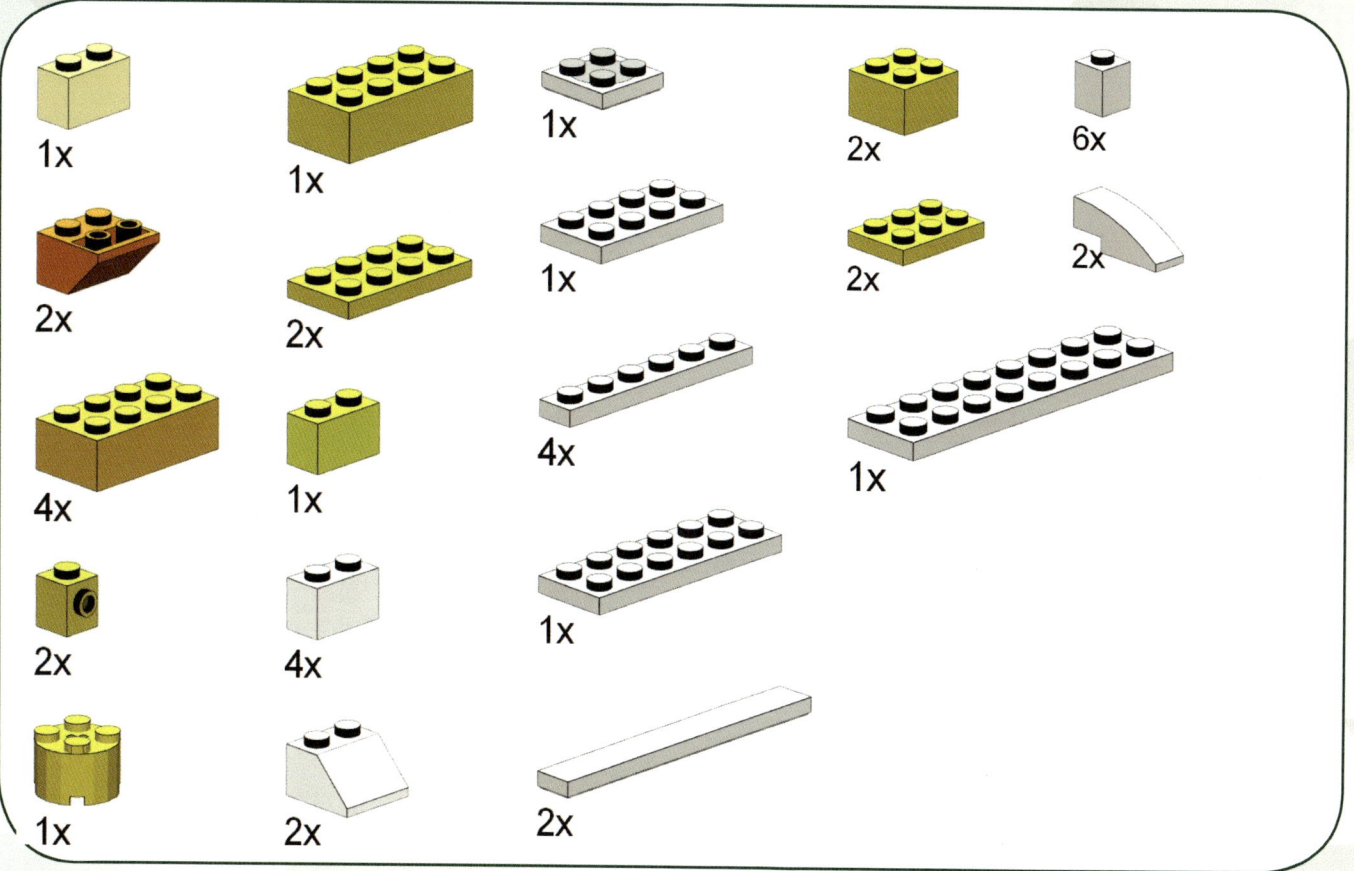

1x 1x 1x 2x 6x

2x 2x 2x 2x

4x 1x 4x 1x

2x 4x 1x

1x 2x 2x

1

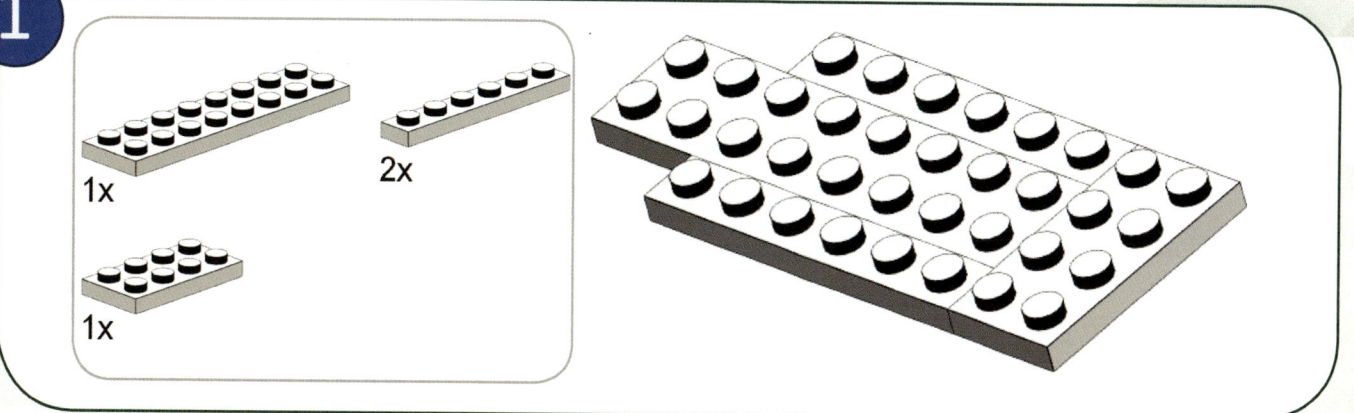

1x 2x

1x

2

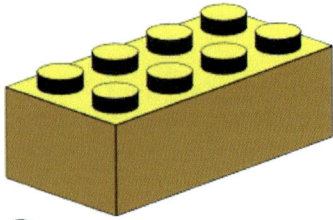

2x

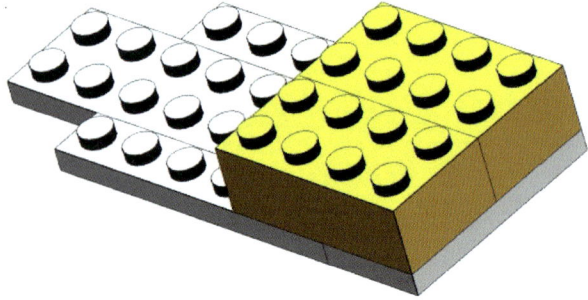

3

2x

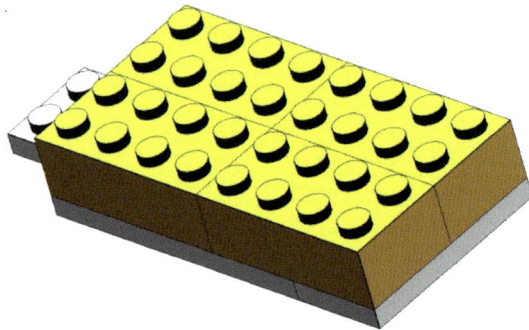

4

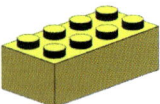

1x

1x

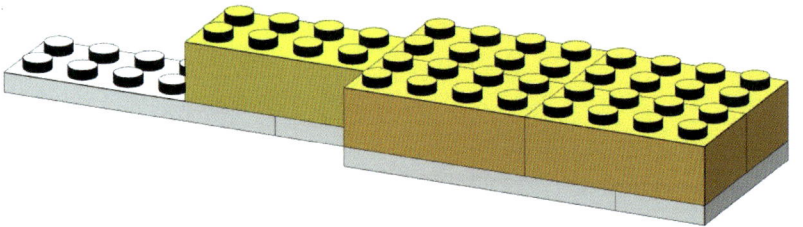

5

1x

1x

1x

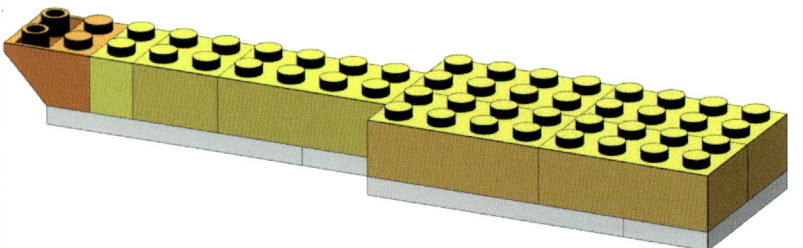

6

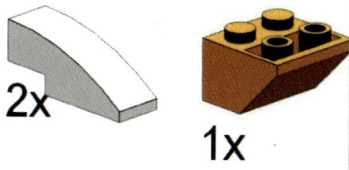

2x   1x

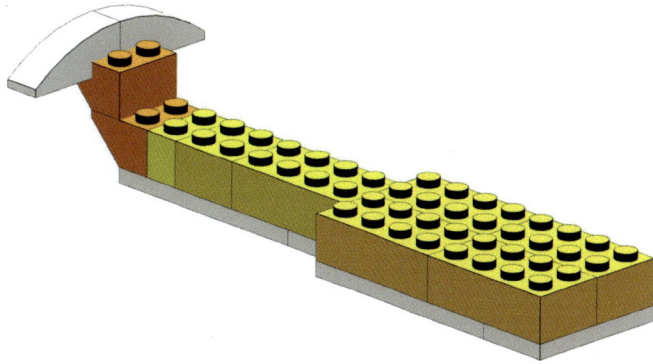

7

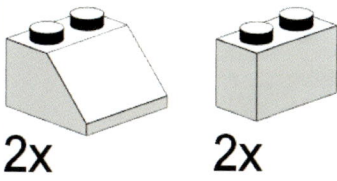

2x   2x

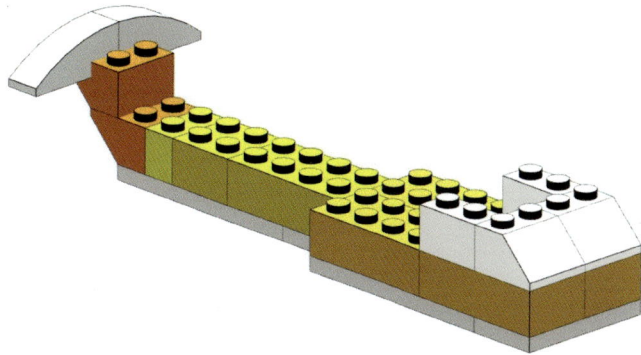

8

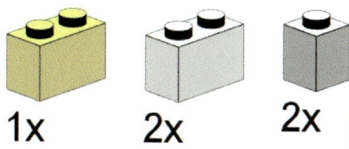

1x   2x   2x

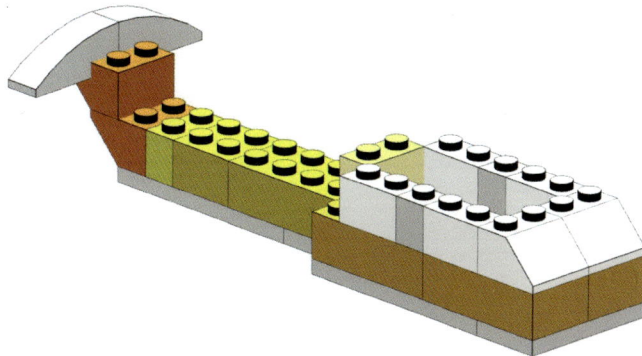

9

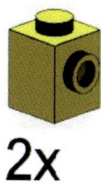

2x

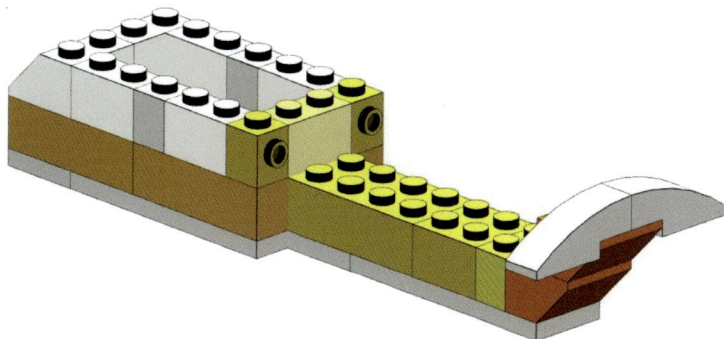

10

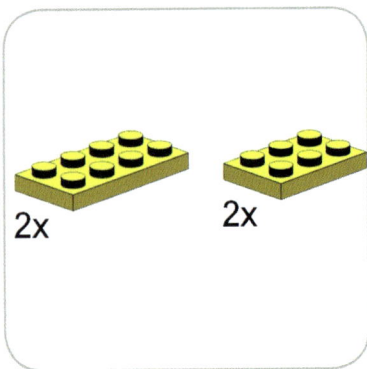

2x   2x

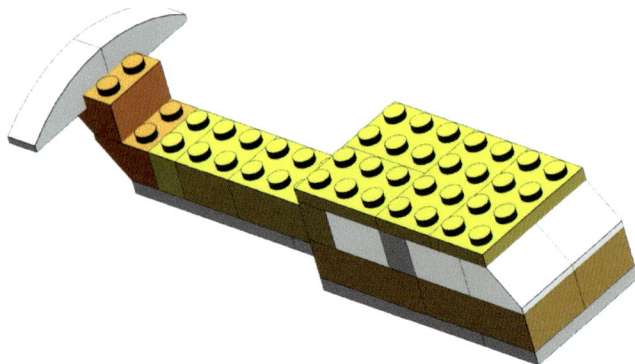

11

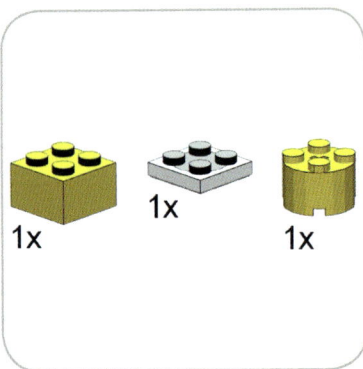

1x   1x   1x

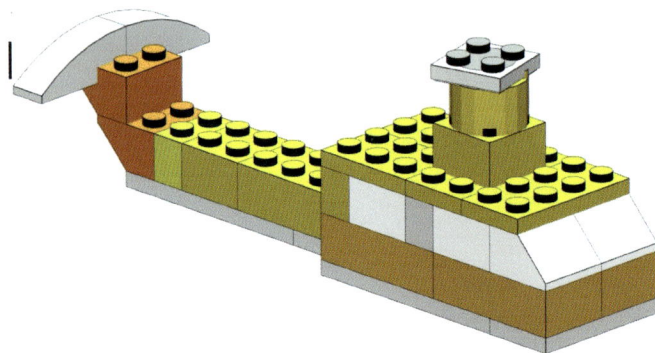

12

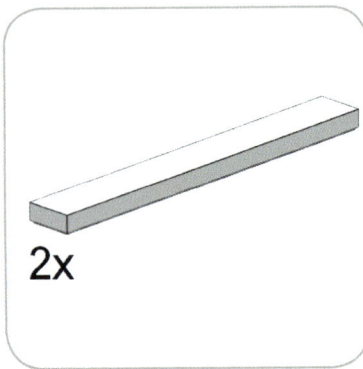

2x

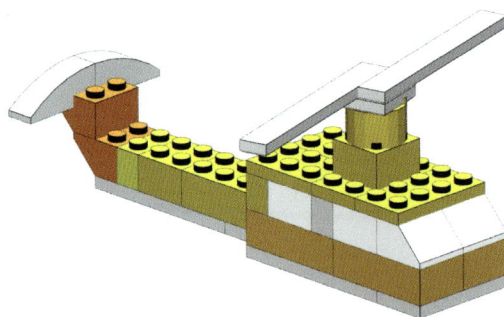

13

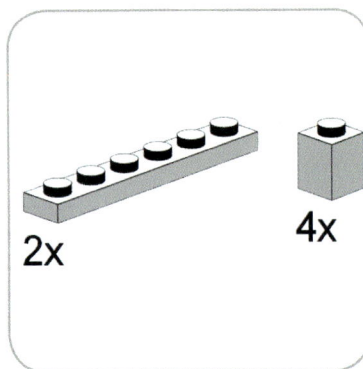

2x   4x

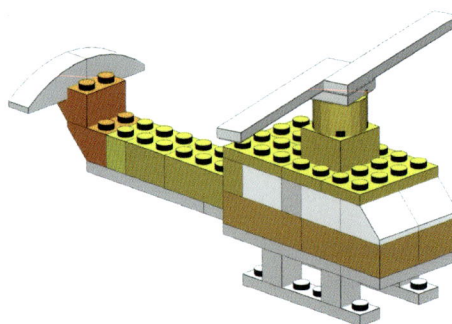

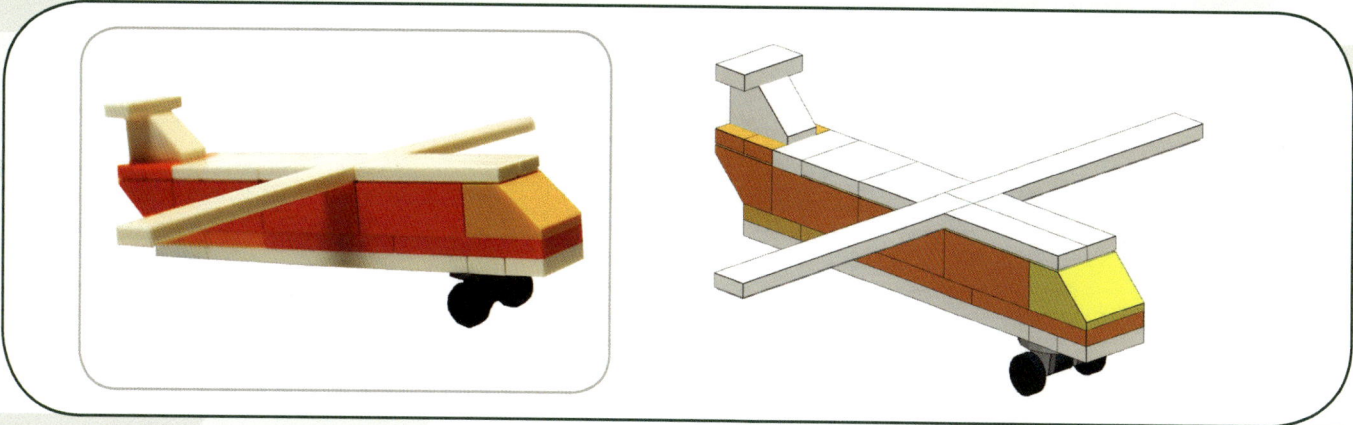

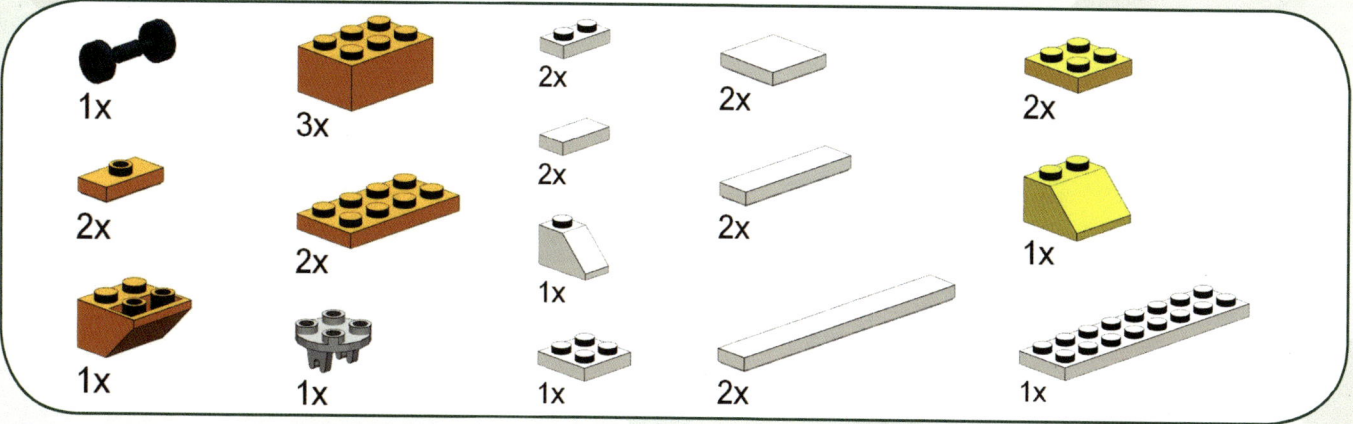

1

1x

1x   2x

2

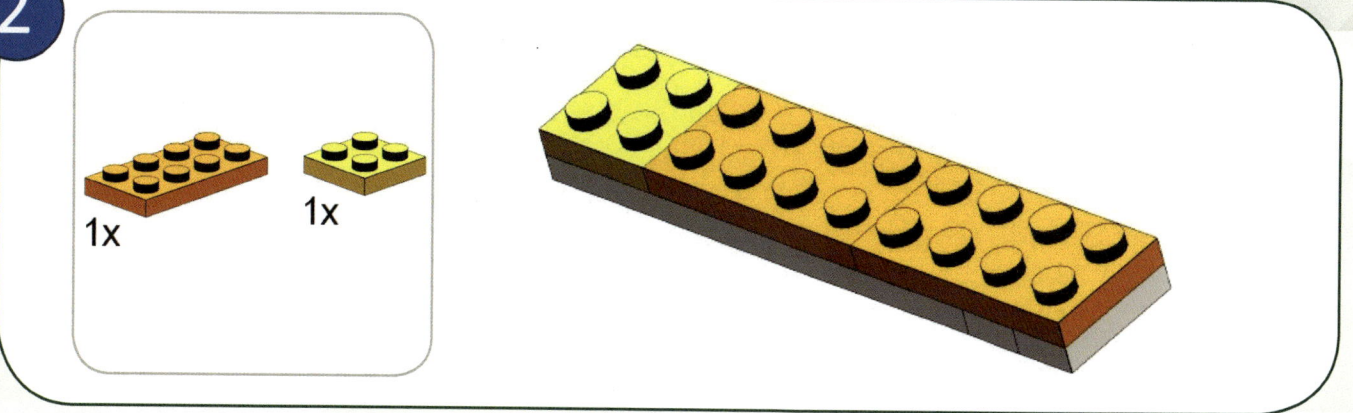

1x   1x

3

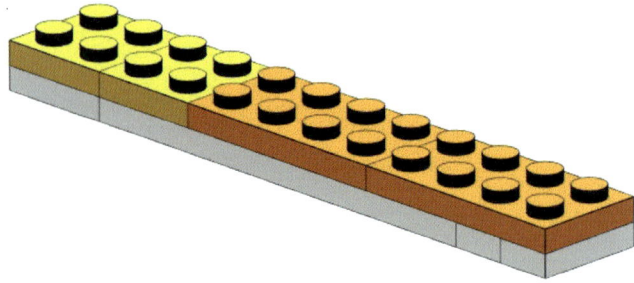

1x   1x

4

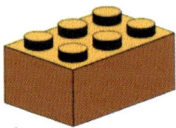 

1x   1x

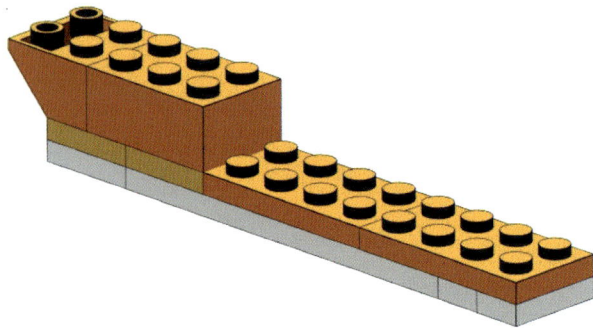

5

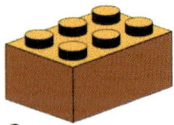 

2x   1x

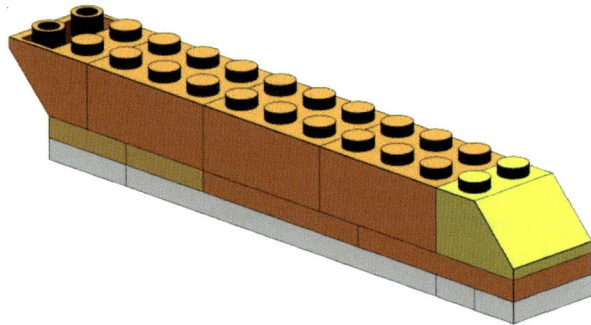

6

2x   2x

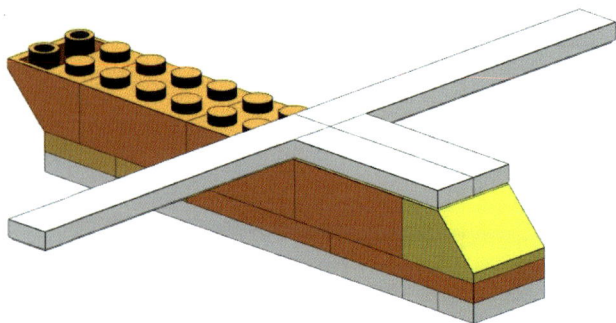

7

2x   2x   1x

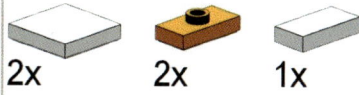
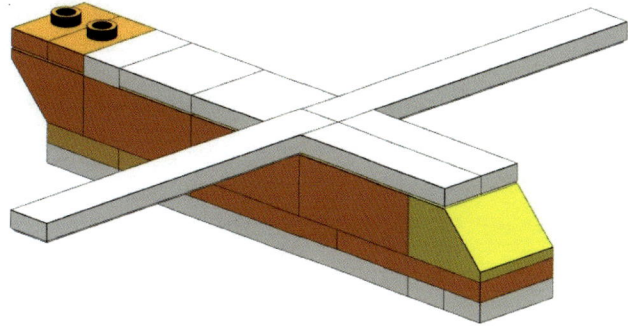

8

1x   1x

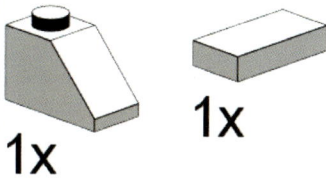
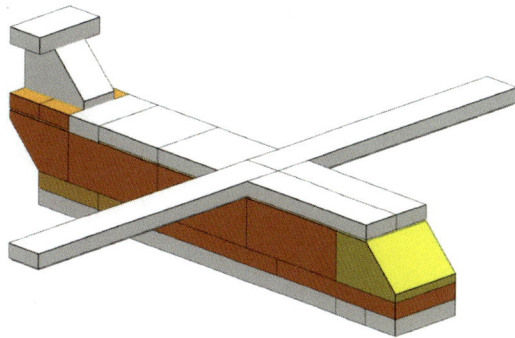

9

1x   1x

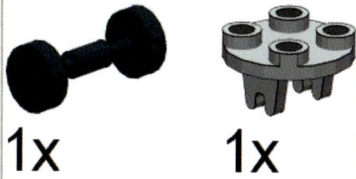
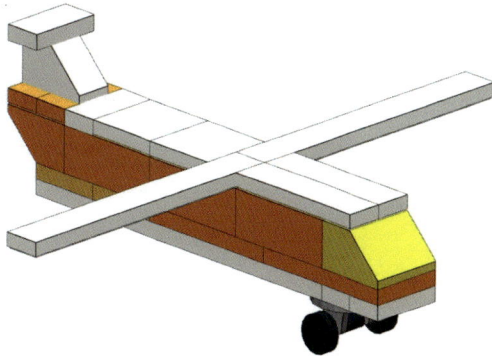

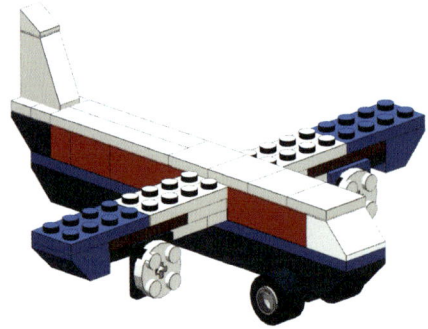

2x

4x

1x

1x

2x

2x

3x

2x

4x

1x

1x

1x

2x

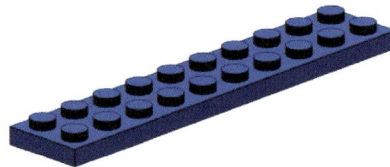

4x

2x

1x

1x

1x

2x

2x

1x

4x

4x

5x

2x

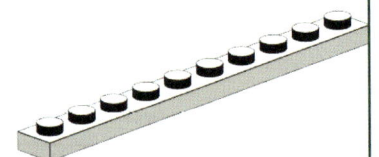

2x

1

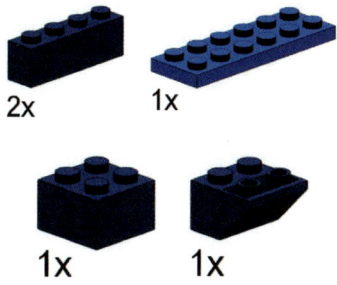

2x 1x

1x 1x

2

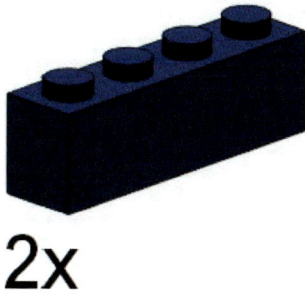

2x

3

1x 1x

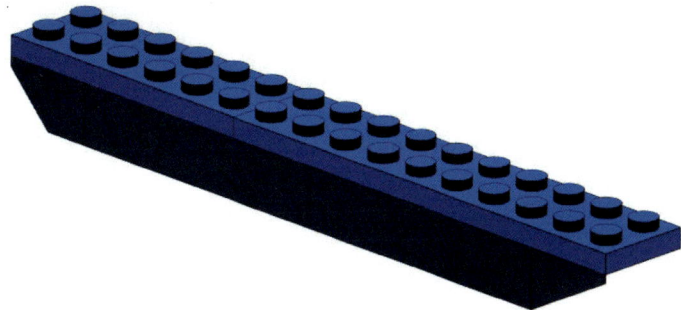

4

1x

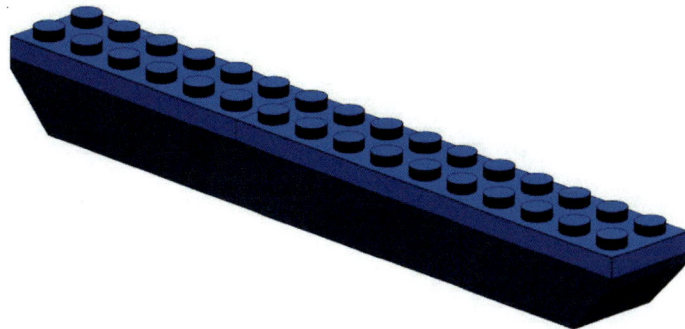

Brick Books
Building Brilliance.

5

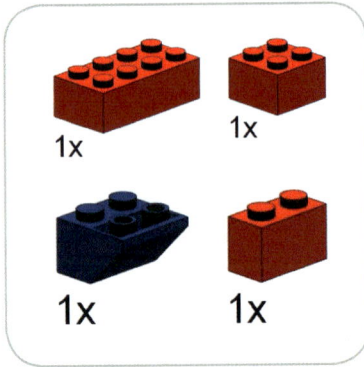

1x   1x

1x   1x

6

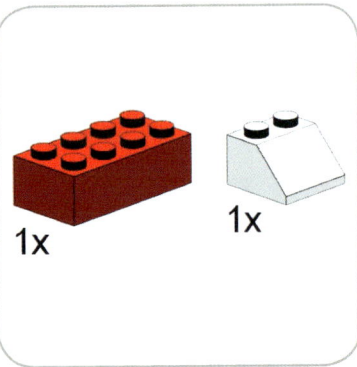

1x   1x

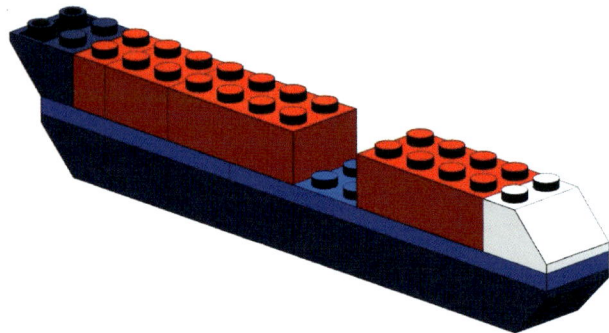

7

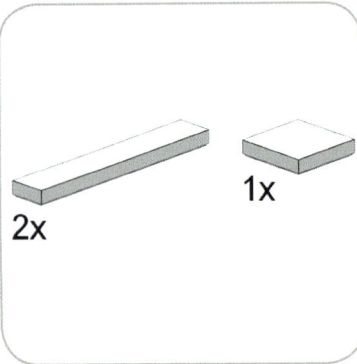

2x   1x

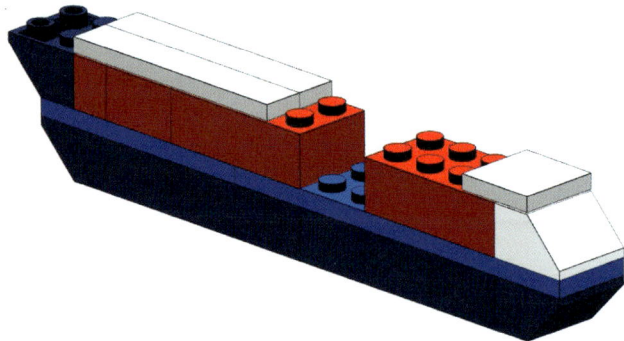

8

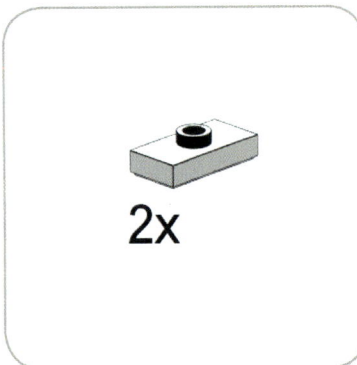

2x

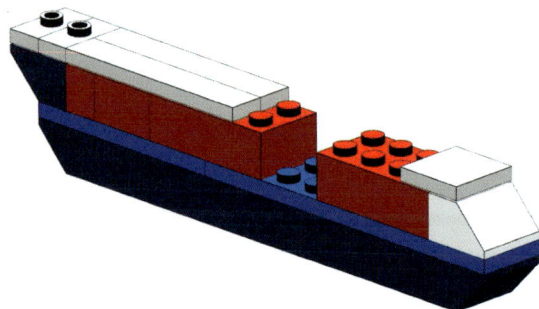

9

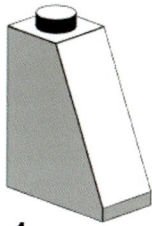 1x 1x

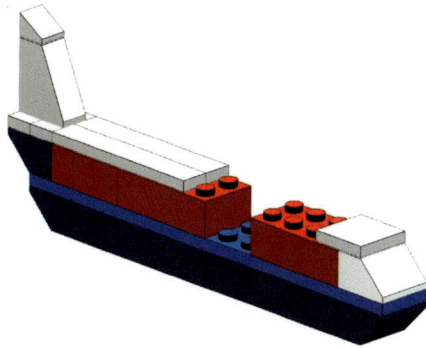

10

1x 2x

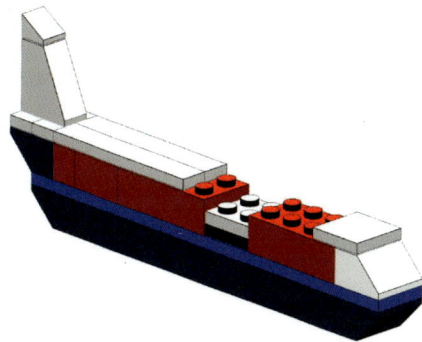

11

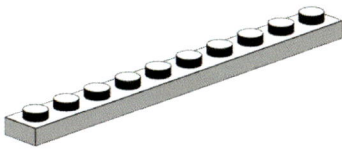 2x

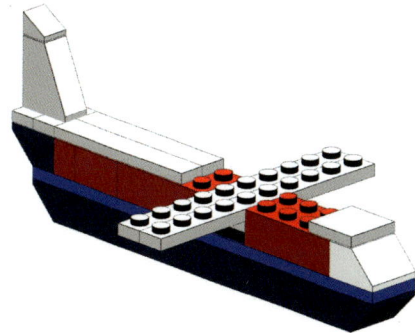

12

2x

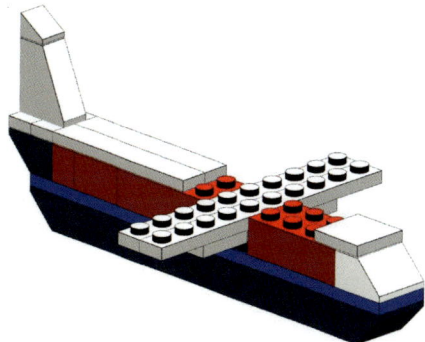

13

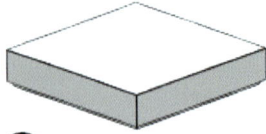

3x

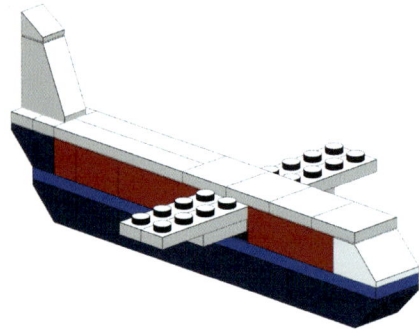

14

2x

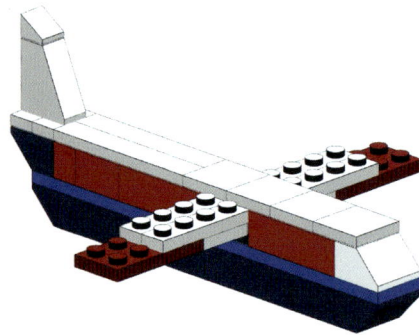

15

2x

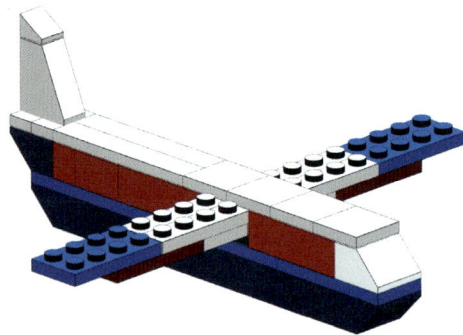

16

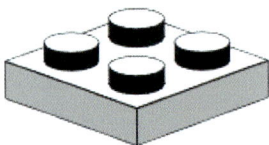

2x

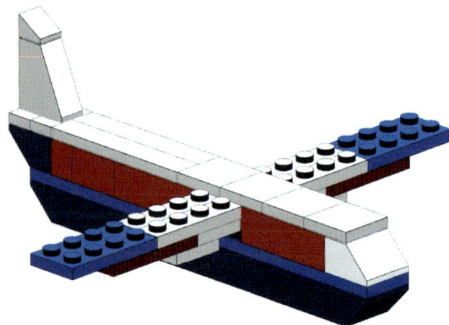

17

2x

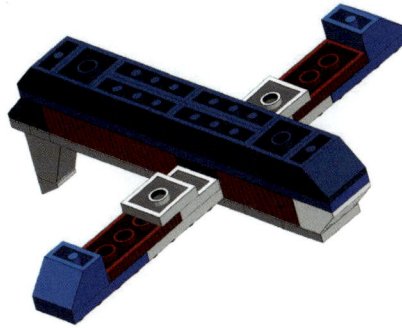

18

2x   4x

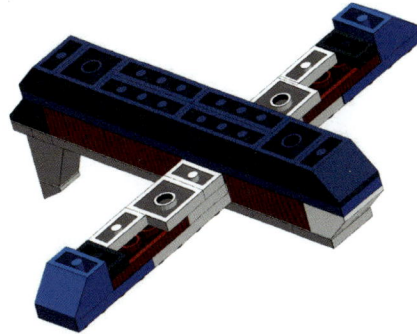

19

1x   1x   2x

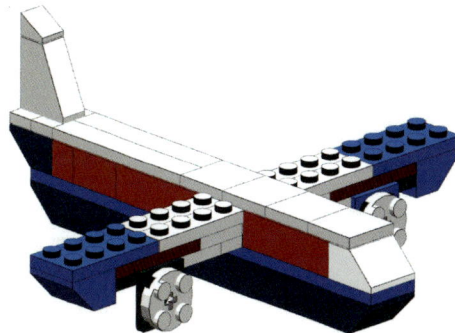

20

2x   1x   2x

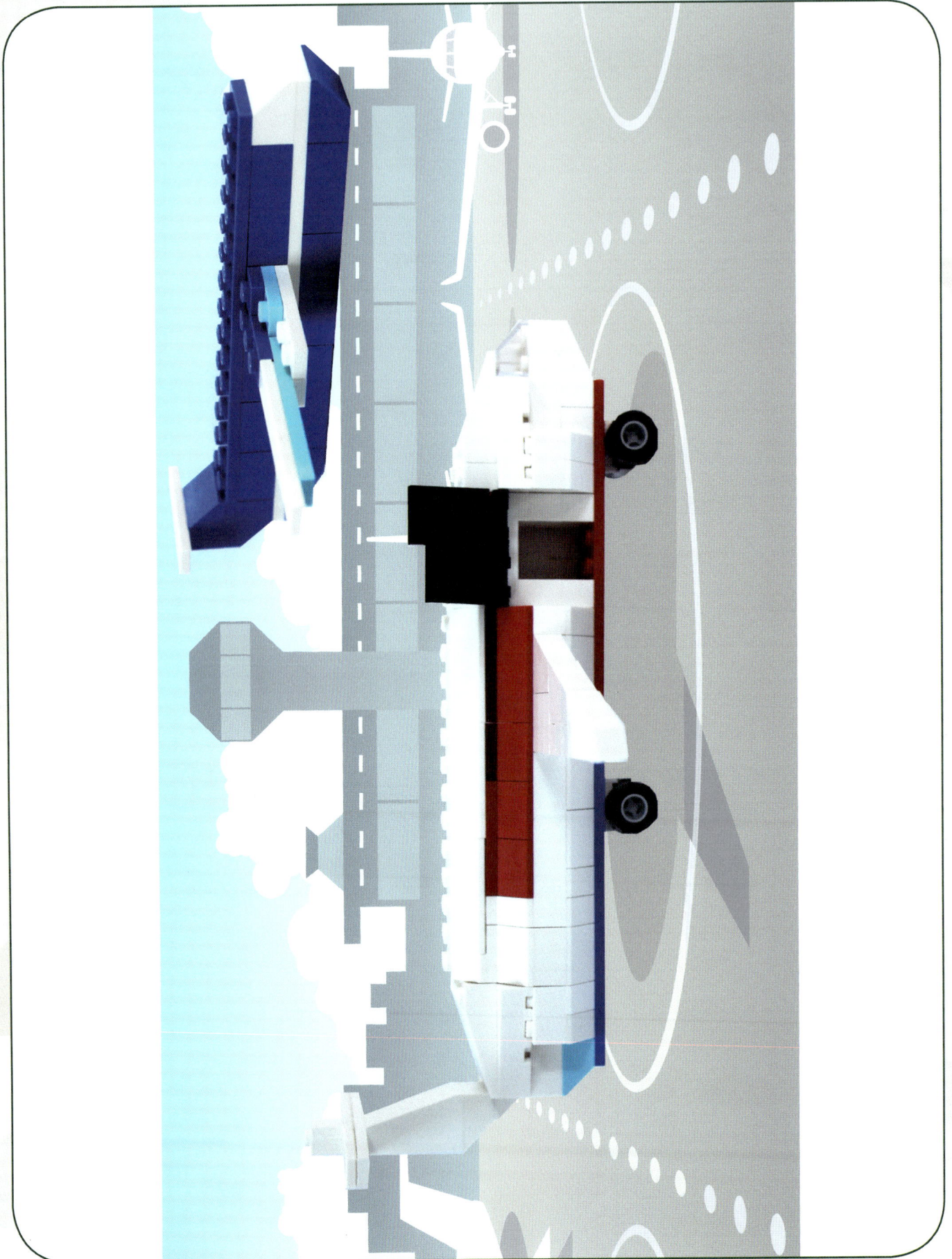

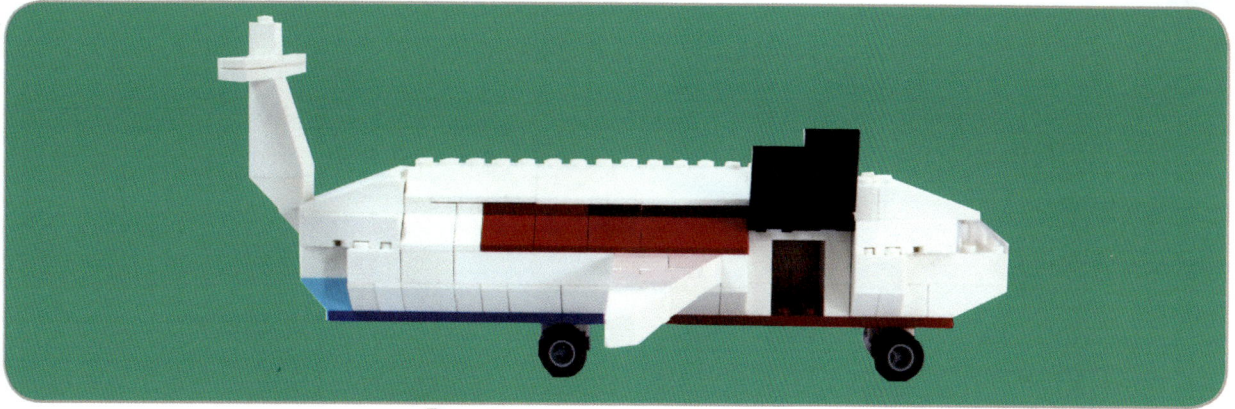

2x
1x
2x
4x
1x
4x

4x
15x
2x
2x
2x
1x
8x

12x
5x
2x
2x
2x
3x

8x
2x
2x
4x
2x

4x
2x
5x
4x
11x

1x
1x
2x
2x

6x
2x
2x

4x
1x

1

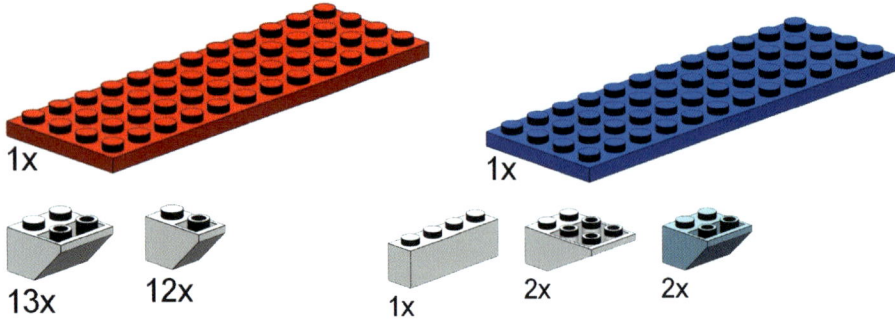

1x   1x

13x   12x   1x   2x   2x

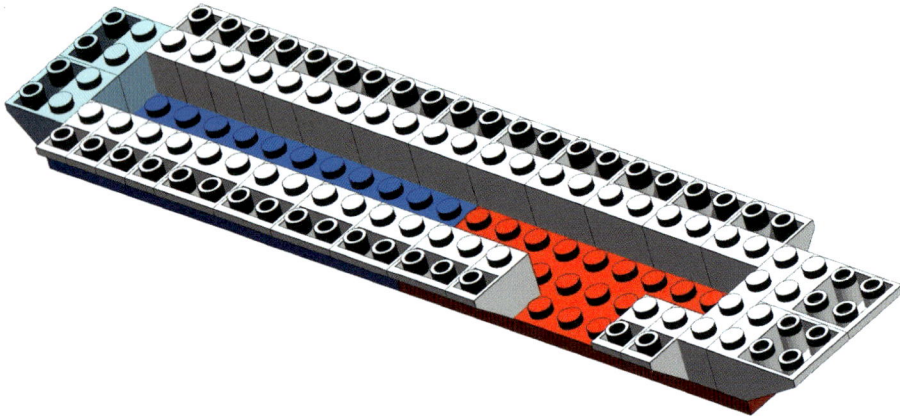

2

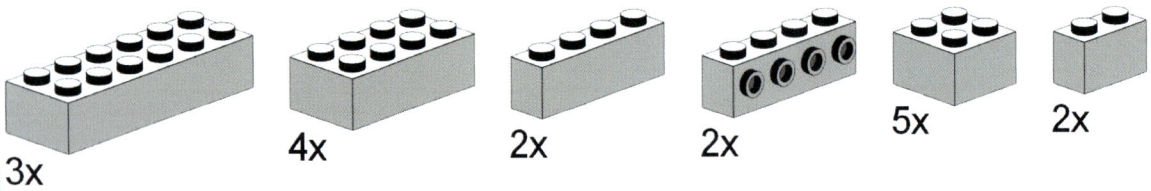

3x   4x   2x   2x   5x   2x

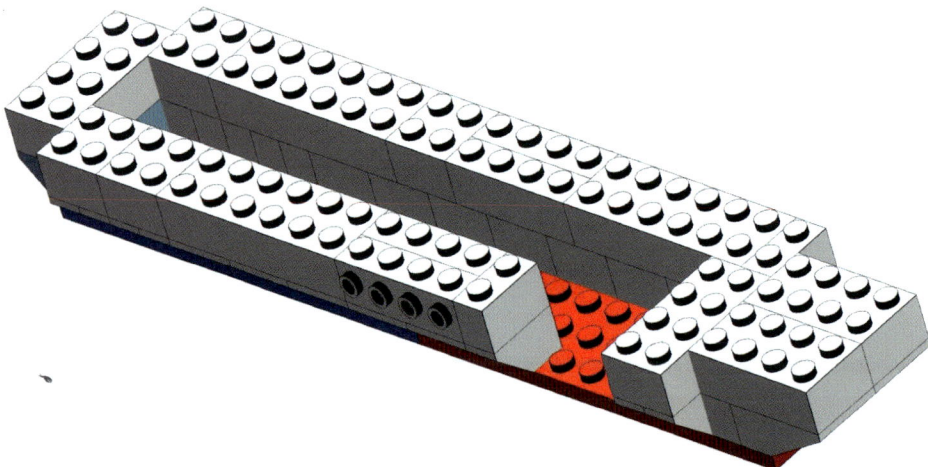

3

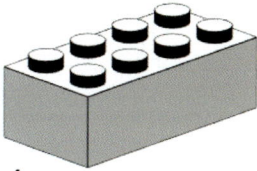 1x 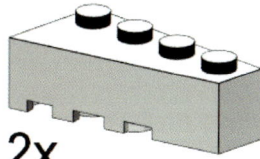 2x 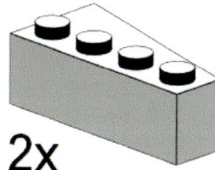 2x 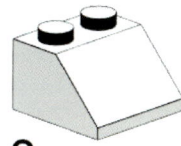 2x

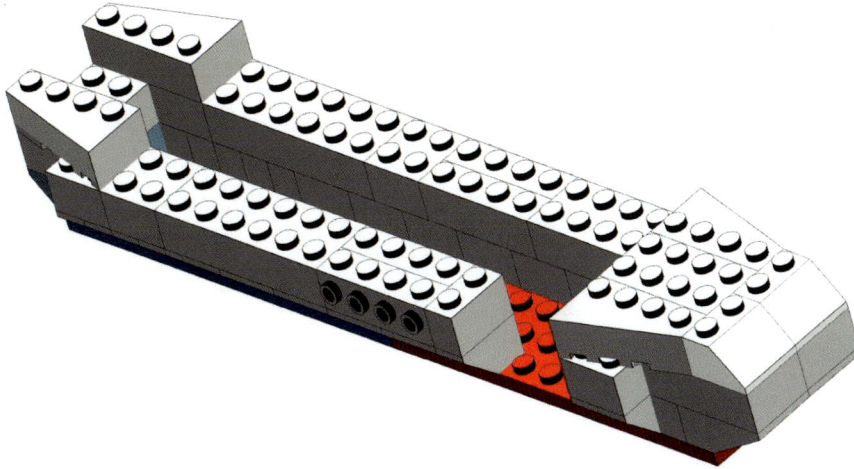

4

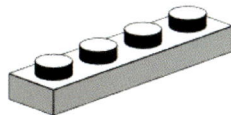 1x 4x 2x

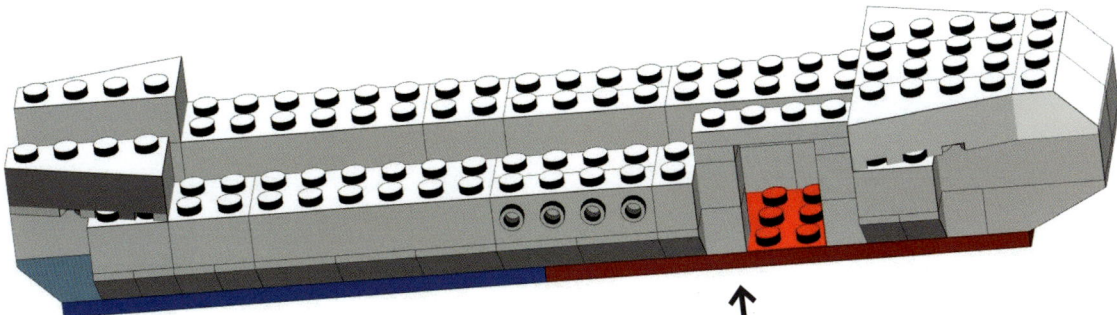

5

2x

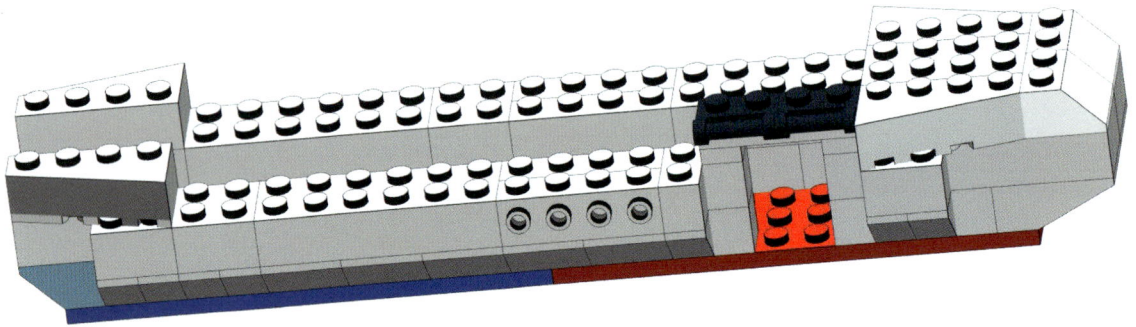

6

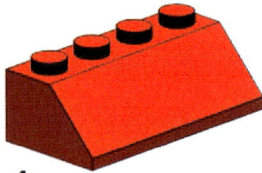

4x

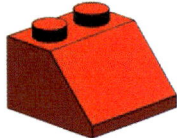

4x

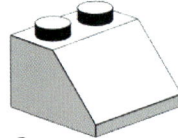

2x

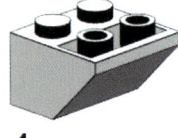

1x

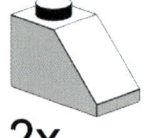

2x

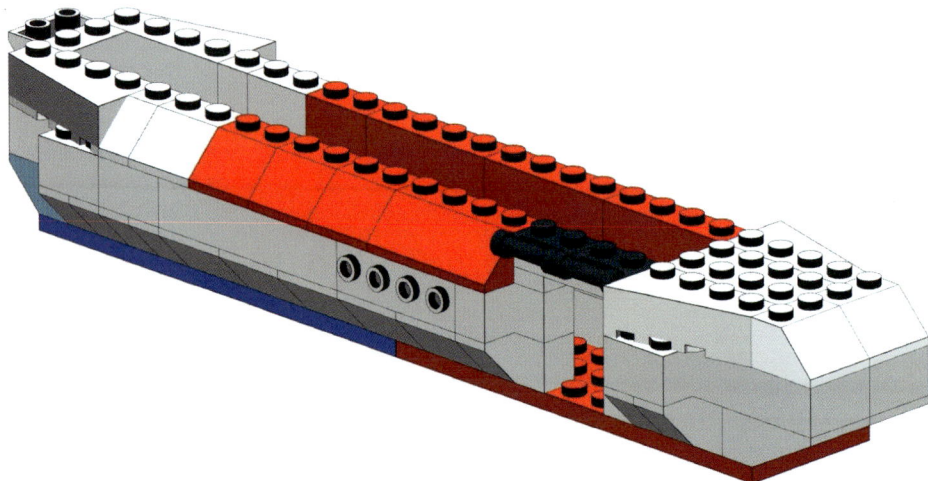

7

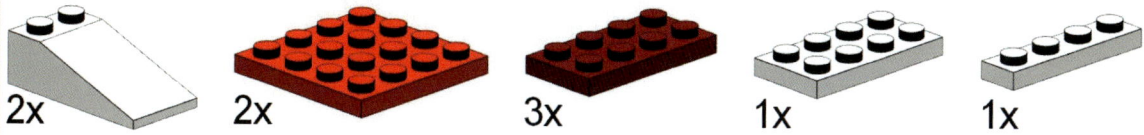

2x 2x 3x 1x 1x

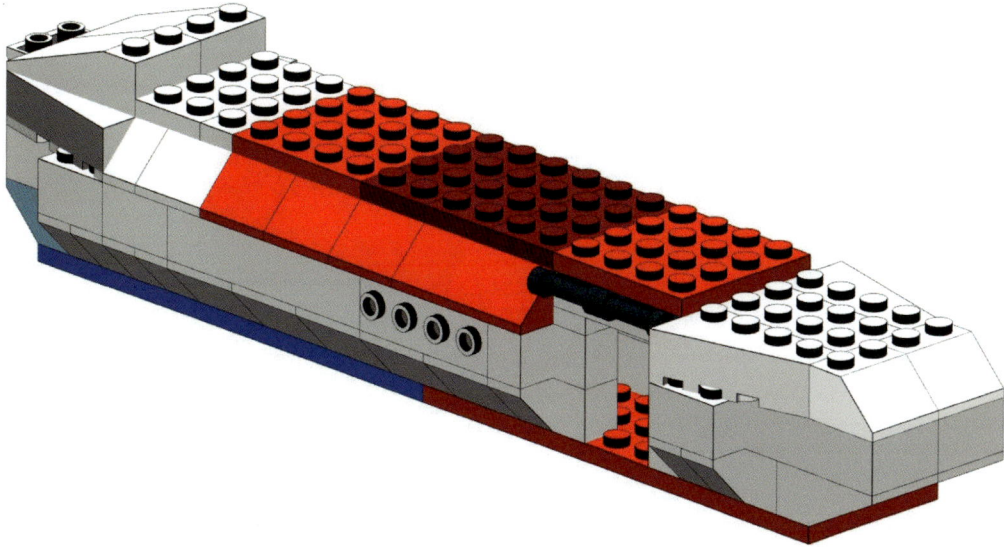

8

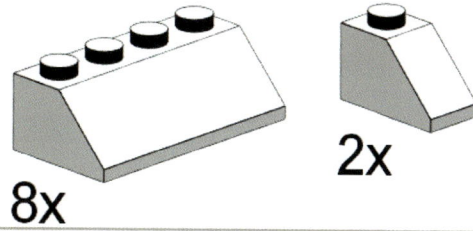

8x 2x

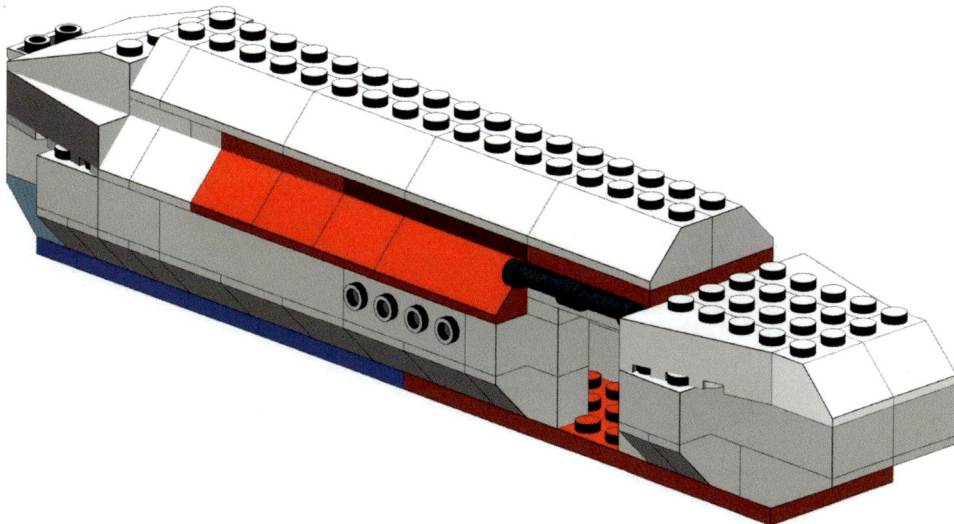

9

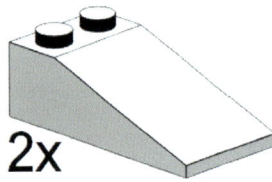

2x

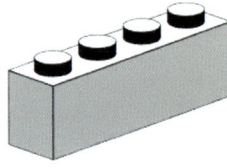

1x

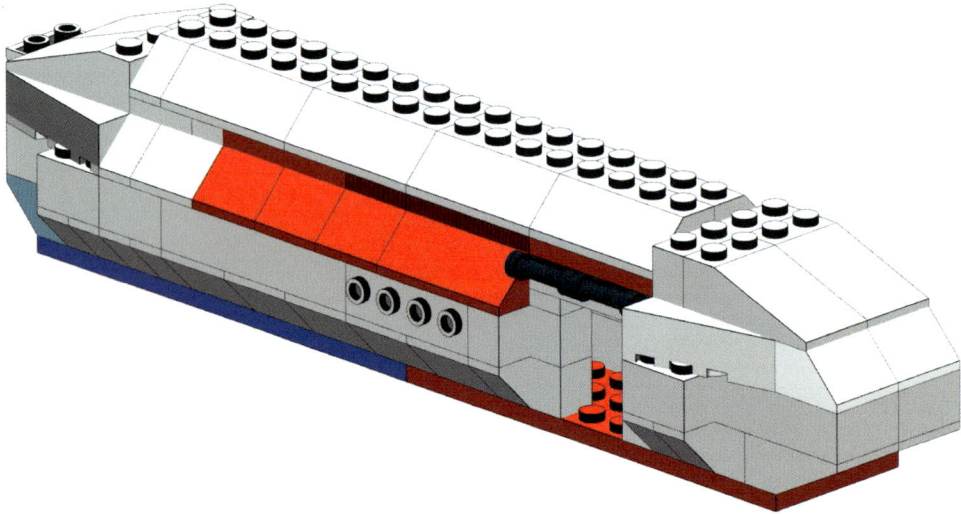

10

2x

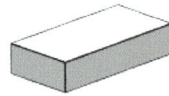

1x

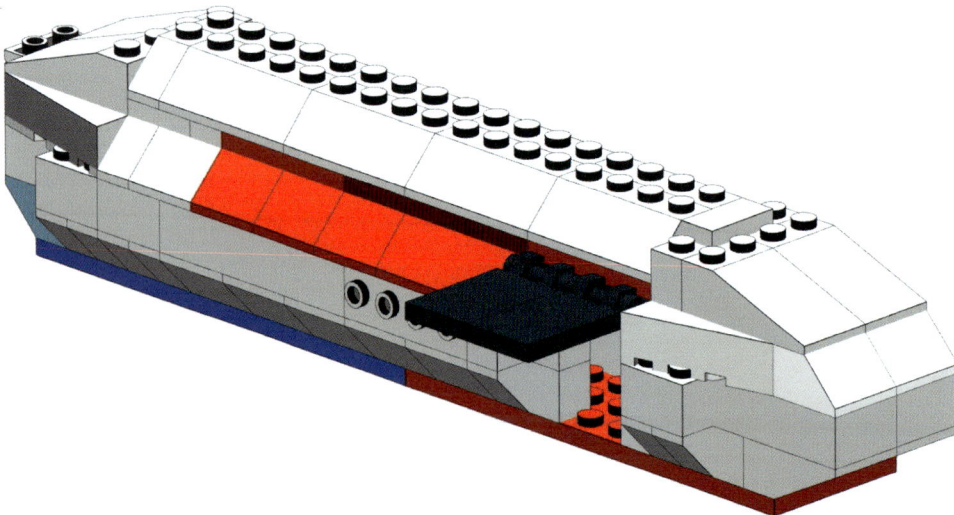

11

4x

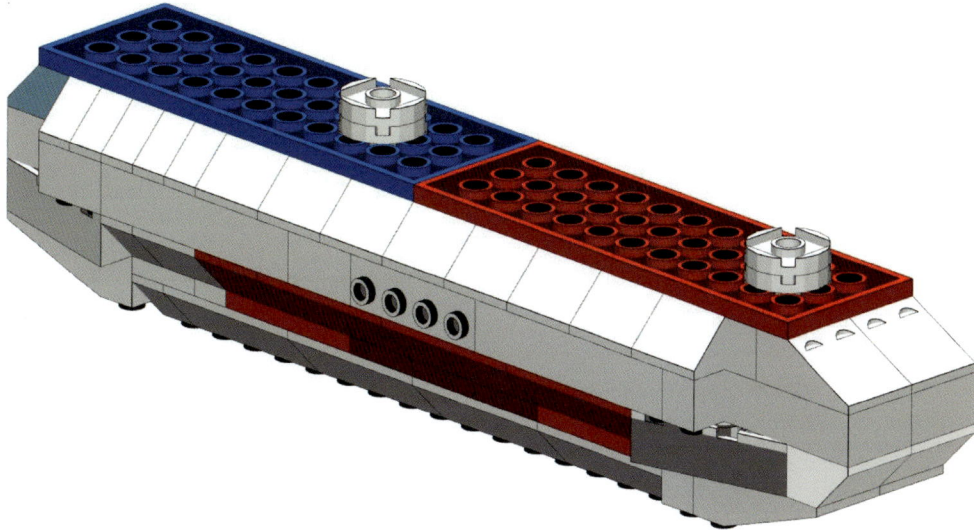

12

4x

2x

4x

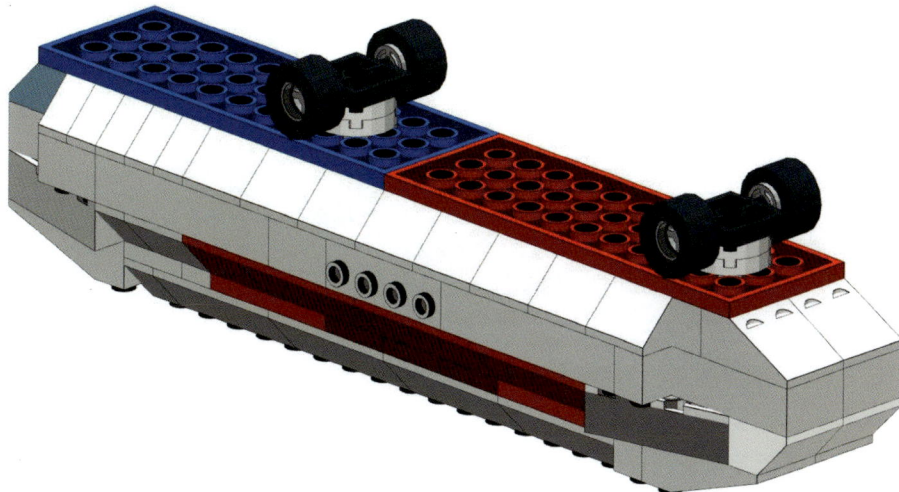

13

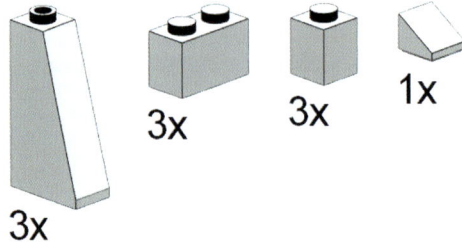

3x   3x   3x   1x

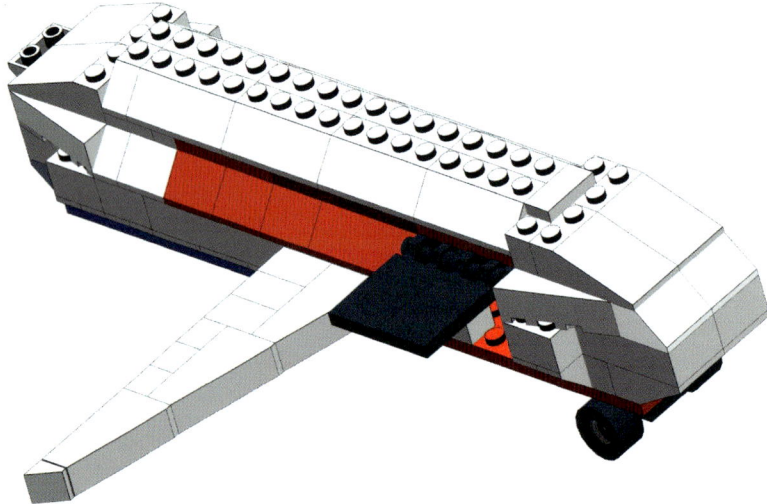

14

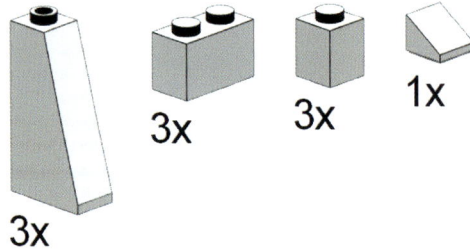

3x   3x   3x   1x

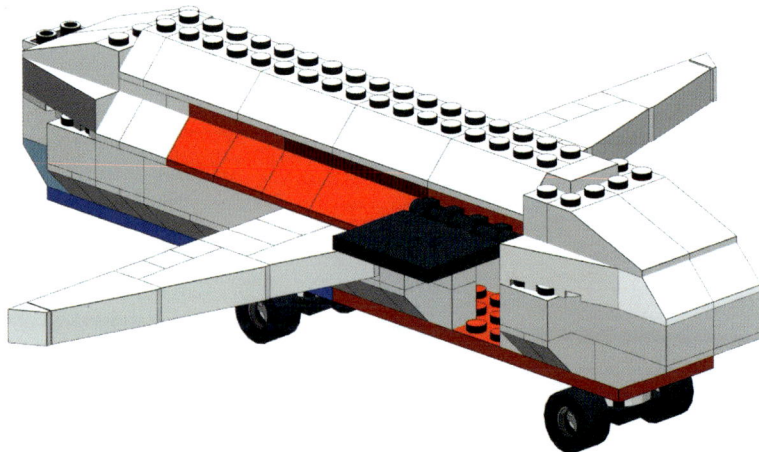

15

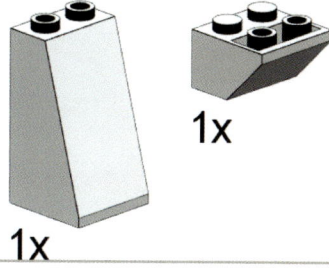

1x

1x

16

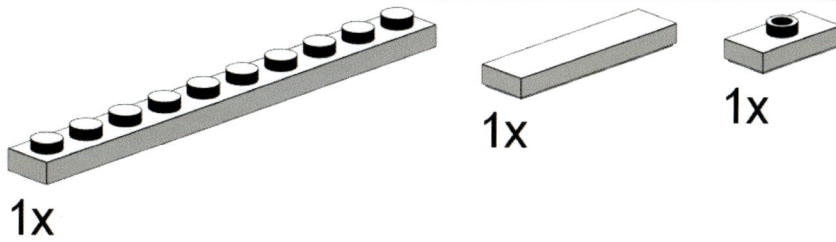

1x

1x

1x

17

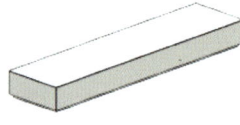

1x   1x

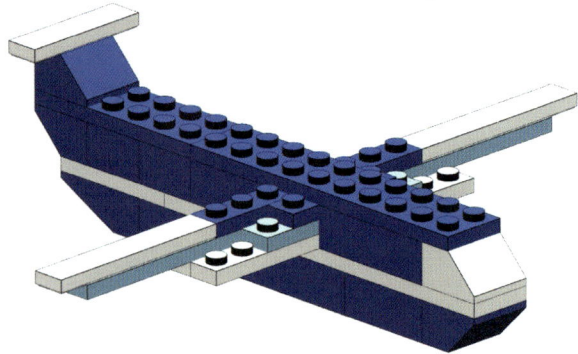

2x   2x   1x   1x   2x   1x

2x   1x   1x      1x

2x

1x   3x      2x      3x      4x

1

1x

1x

1x

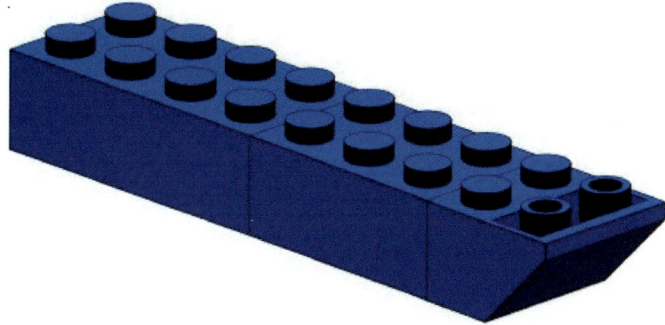

2

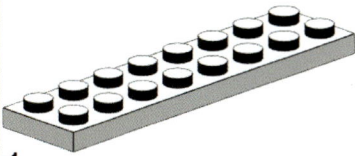

1x

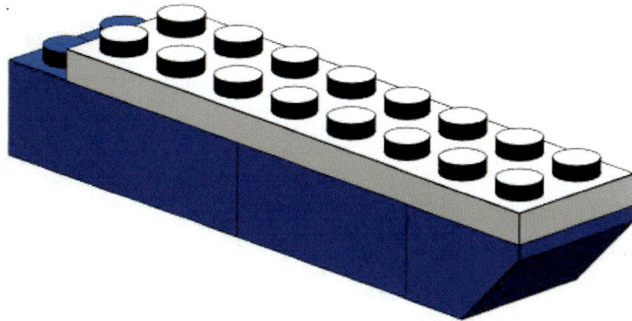

3

1x

1x

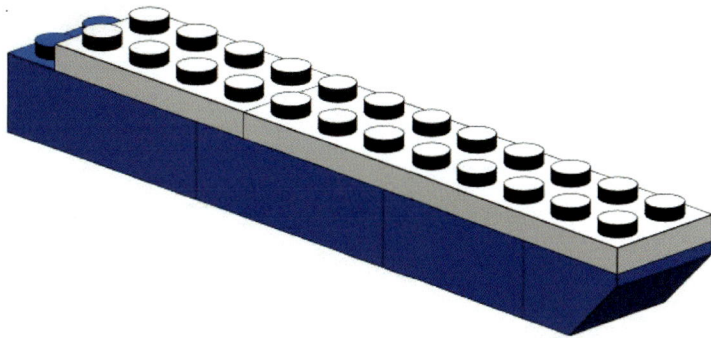

4

1x

1x

Brick Books

Building Brilliance.

5

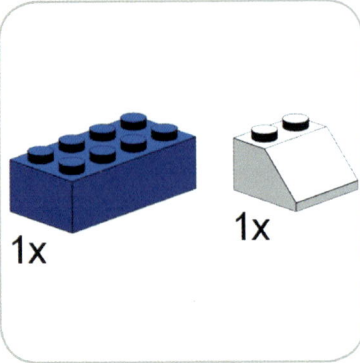

1x 1x

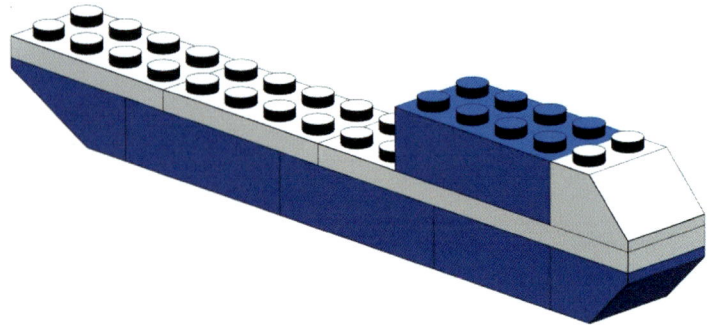

6

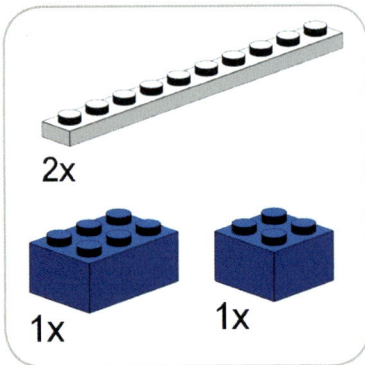

2x

1x 1x

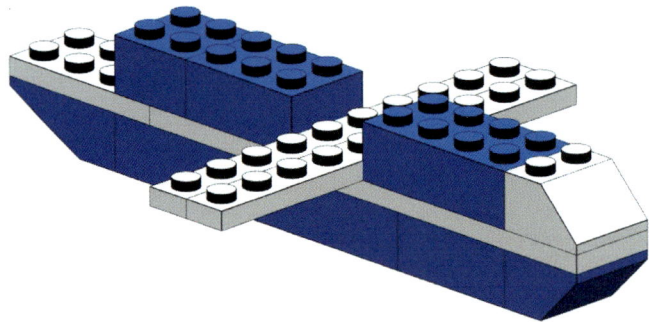

7

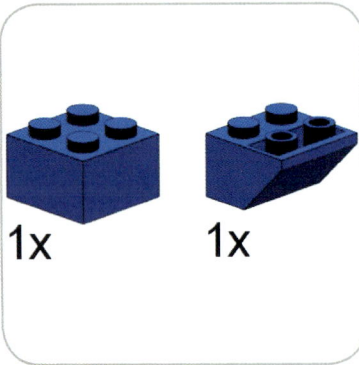

1x 1x

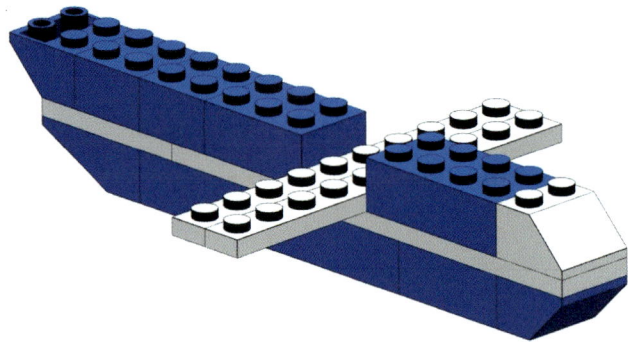

8

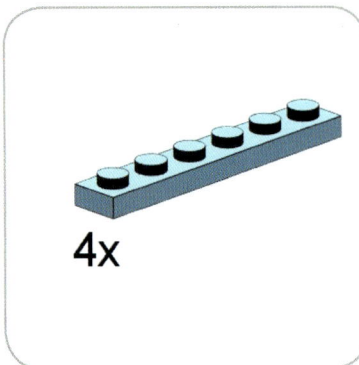

4x

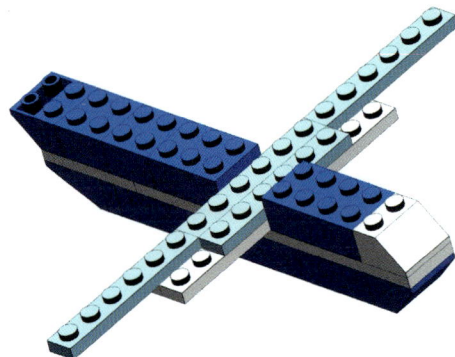

9

3x

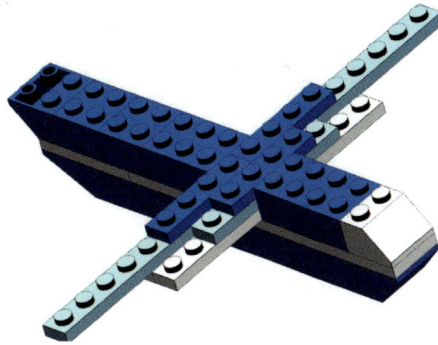

10

1x

1x

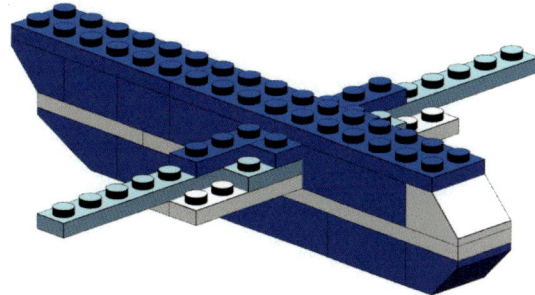

11

2x   1x

1x

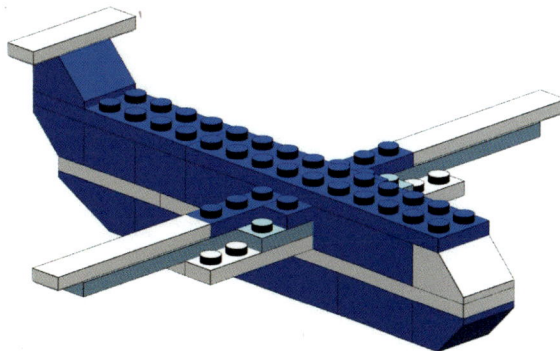

Printed in Great Britain
by Amazon.co.uk, Ltd.,
Marston Gate.